北大版留学生本科汉语教材·语言技能系列

汉语
初级强化教程
听说课本 IV

Intensive Elementary Chinese Course

Listening and Speaking IV

主编：肖奚强　朱　敏

编著（以姓氏拼音排列）：

段轶娜　范　伟
梁社会　沈灿淑
魏庭新　张　勤
朱　敏

翻译：沈　冲

北京大学出版社
PEKING UNIVERSITY PRESS

图书在版编目(CIP)数据

汉语初级强化教程.听说课本Ⅳ/肖奚强，朱敏主编.—北京：北京大学出版社，2010.2
(北大版留学生本科汉语教材·语言技能系列)
ISBN 978-7-301-16881-3

Ⅰ.汉… Ⅱ.①肖…②朱… Ⅲ.汉语—听说教学—对外汉语教学—教材 Ⅳ.H195.4

中国版本图书馆 CIP 数据核字（2010）第 013353 号

书　　　名：	汉语初级强化教程·听说课本Ⅳ
著作责任者：	肖奚强　朱　敏　主编
责 任 编 辑：	李　凌
标 准 书 号：	ISBN 978-7-301-16881-3/H·2415
出 版 发 行：	北京大学出版社
地　　　址：	北京市海淀区成府路 205 号　100871
网　　　址：	http://www.pup.cn
电 子 信 箱：	zpup@pup.pku.edu.cn
电　　　话：	邮购部 62752015　发行部 62750672　编辑部 62754144
	出版部 62754962
印 刷 者：	三河市北燕印装有限公司
经 销 者：	新华书店
	787 毫米×1092 毫米　16 开本　13.75 印张　226 千字
	2010 年 2 月第 1 版　　2018 年 7 月第 3 次印刷
定　　　价：	54.00 元（含 MP3 盘 1 张）

未经许可，不得以任何方式复制或抄袭本书之部分或全部内容。
版权所有，侵权必究
举报电话：010-62752024　　电子信箱：fd@pup.pku.edu.cn

前言

对外汉语初级教材经过多年的建设，已经取得了相当的成绩，比如：教材的数量以较快的速度增长，教材的种类不断丰富，教材编写的理论研究和经验总结也不断深入和加强，等等。但是，已有的初级汉语系列教材在教学内容、教学重点，结构、功能和文化的相互配合，课程之间的相互配套等方面还有许多需要改进的方面。因此，我们从教学实践出发，编写了这套《汉语初级强化教程》系列教材，希望能够为初级汉语教材建设添砖加瓦。

编写本套教材的基本原则为三个结合：综合与听说相结合、结构与功能相结合、语言与文化相结合。

（一）综合汉语教材与听说教材的课文，在内容和形式上密切配合，相互容让，注重词汇和语法点的互现和循环。全套教材由一套人马统一编写，避免两种教材众人分头编写，相互不配套，难以施教的现象。

（二）针对目前初级汉语教学中听力和说话分别开课，两门课的教材、教学内容不配套现象严重（或互不相干或重复重叠）的现状，我们将听和说整合为一本教材、一门课，改变目前听说分课，教材不配套，教学相互牵扯的现状。

（三）注重结构、功能和文化的结合，以结构为主线，辅以交际功能，穿插文化背景介绍；加强教材的知识性、实用性和趣味性。

（四）教材中的所有词汇、语法点均与汉语水平考试大纲、对外汉语教学大纲相对照，确保词汇、语法学习的循序渐进，尽可能避免生词、语法的超纲。当然，对于学生学习和交际急需而现行大纲缺少或等级较高的词语，我们也本着实用的原则，适当加入。

（五）本套系列教材的所有编写人员均参与教材的试用，直接吸收教学中的反馈，并在四个平行班试用两年的基础之上进行了修改完善。

本套系列教材按《汉语初级强化教程·综合课本》、《汉语初级强化教程·听说课本》分课编写，主要供汉语言专业本科生、进修生和汉语预科生

一学年使用（建议综合汉语课与听说课之比为 5∶4）。为了便于不同起点的班级选用，我们将上下学期使用的《汉语初级强化教程·综合课本》和《汉语初级强化教程·听说课本》各分为两册，即综合课本和听说课本各为 1—4 册。

　　本教程由主编提出整体构想和编写原则与大纲，编写组讨论完善后分头编写。具体分工如下：

　　朱敏编写综合课本、听说课本的 1—5 课，41—45 课，综合课本第 6 课。

　　沈灿淑编写综合课本 7—12 课，听说课本 6—8 课、10—12 课，综合课本、听说课本的 46—50 课。

　　范伟编写综合课本、听说课本的 13—16 课、51—55 课，综合课本第 25 课，听说课本第 9、19、25 课。

　　段轶娜编写综合课本、听说课本的 17、18、20—22 课、56—60 课，综合课本第 19 课。

　　魏庭新编写综合课本、听说课本的 23、24、26—28 课、30、61—65 课。

　　张勤编写综合课本、听说课本的 29、31—35 课，66—70 课。

　　梁社会与张勤合编综合课本、听说课本第 36 课，与沈灿淑合编第 37 课，与范伟合编第 38、39 课，与魏庭新合编第 40 课。

　　全书由主编修改定稿。

　　本套系列教材从策划、编写、试用到出版历时两年有余。从 2005 年 9 月至 2007 年 6 月在南京师范大学国际文化教育学院理工农医经贸专业汉语预科生的四个平行班试用了两学年，教学效果良好，从形式到内容都受到留学生的欢迎和好评。作为听说合一、综合课与听说课密切配合编写教材的一种尝试，不足之处在所难免，希望得到专家学者和使用本教材教师的批评指正。

编　者

 **略语表 Abbreviation**

形容词	adj.
副词	adv.
助动词	aux.
黏着形式	b. f.
连词	conj.
感叹词	intj.
名量词	m.(n.)
动量词	m.(v.)
名词	n.
数词	num.
拟声词	on.
助词	part.
代词	pr.
前缀	pref.
介词	prep.
后缀	suf.
动词	v.
动宾离合词（如"开玩笑"）	v. o.
动补词	v. (c.)
动名兼类词（如"争议"）	v., n.

目 录
CONTENTS

1	第五十六课	南甜北咸
9	第五十七课	儿行千里母担忧
16	第五十八课	三分钟热度
23	第五十九课	兴趣比什么都重要
30	第 六 十 课	复习（十二）
37	第六十一课	我相信会有这么一天
45	第六十二课	人间天堂
53	第六十三课	公平的工作机会
60	第六十四课	任何事情都有正反两面
67	第六十五课	复习（十三）
76	第六十六课	面试很重要
84	第六十七课	远亲不如近邻
92	第六十八课	我们已经很幸运了
101	第六十九课	你做过志愿者吗？
110	第 七 十 课	复习（十四）
120	听力录音文本与参考答案	
205	词语总表	

第五十六课　南甜北咸

生词

听力部分

1.	性别	n.	xìngbié	sexual distinction	丙
2.	白菜	n.	báicài	Chinese cabbage	乙
3.	痛苦	adj.	tòngkǔ	suffering, pain	乙
4.	开演	v.	kāiyǎn	(of a play etc.) begin	乙
5.	种植	v.	zhòngzhí	plant, grow	丙
6.	土豆	n.	tǔdòu	potato	乙
7.	人民	n.	rénmín	the people	甲
8.	建设	v.	jiànshè	build, construction	甲
9.	气象员	n.	qìxiàngyuán	weatherman	
10.	准确	adj.	zhǔnquè	accurate, exact	乙
11.	蜜蜂	n.	mìfēng	honeybee, bee	乙
12.	活跃	adj., v.	huóyuè	active, dynamic	乙
13.	反应	v., n.	fǎnyìng	react, respond	乙
14.	接近	v.	jiējìn	be close to, approach	乙
15.	预测	v.	yùcè	predict, foresee	丁

1

| 16. 达到 | v.(c.) | dádào | achieve, reach | 乙 |
| 17. 增长 | v. | zēngzhǎng | increase, rise, grow | 乙 |

口语部分

1. 结论	n.	jiélùn	final conclusion	乙
2. 精致	adj.	jīngzhì	fine, delicate	丙
3. 面食	n.	miànshí	griddle	

▶ 专名

1. 西藏	Xīzàng	Tibet
2. 黑龙江	Hēilóngjiāng	Heilongjiang (province); Heilongjiang River
3. 印度	Yìndù	India, Hindustan
4. 联合国	Liánhéguó	the United Nations (U.n.)

本课新字

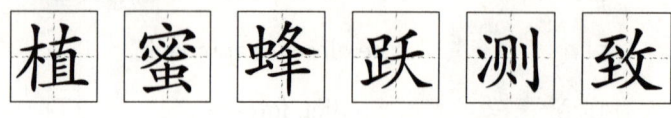

第五十六课　南甜北咸

听　力

一　听下面的句子并选择正确答案

1. A. 玩电脑　　B. 泡吧　　C. 健身　　D. 聚会
2. A. 很冷　　B. 有点儿冷　　C. 有点儿热　　D. 挺暖和的
3. A. 尊敬　　B. 失望　　C. 骄傲　　D. 不满
4. A. 学习比较认真　　B. 现在学习不太好
   C. 将来有好的发展　　D. 为自己的学习发愁
5. A. 可能要下雪了　　B. 他有点儿伤心
   C. 他很伤心　　D. 还要下霜
6. A. 找工作比较简单　　B. 年龄上没有要求
   C. 有工作经验的更好　　D. 很多单位不要女的
7. A. 吃不起大鱼大肉　　B. 不太喜欢吃白菜
   C. 每天都吃白米饭　　D. 不想吃大鱼大肉
8. A. 吃惊　　B. 生气　　C. 高兴　　D. 伤心
9. A. 生了一个儿子　　B. 生了一个女儿
   C. 心情十分愉快　　D. 笑得非常开心
10. A. 觉得很疼　　B. 过去有过不愉快的经历
    C. 喜欢想以后的事　　D. 想要向前走

二　听下面的对话并选择正确答案

1. A. 很有精神　　B. 很生气　　C. 精神很差　　D. 生病了
2. A. 很不错，而且也很容易做　　B. 不太好，而且也不容易做
   C. 很不错，但是要花些时间　　D. 不太好，但是不用花时间
3. A. 男的有一屋子书　　B. 女的有很多钱
   C. 男的觉得钱够了　　D. 女的很喜欢买书

3

4. A. 不要为这种人生气　　　B. 为什么要生气
　　C. 太容易生气了　　　　D. 不能总是生气

5. A. 茶馆　　　B. 饭店　　　C. 电影院　　　D. 家里

6. A. 女的表扬了男的　　　B. 男的文章写得不好
　　C. 男的文章是抄的　　　D. 老师批评了男的

7. A. 朋友不够多　　　　　B. 没答应帮女的忙
　　C. 总是很忙　　　　　　D. 有一件事要做

8. A. 东西的价格提高了　　　B. 人们的生活越来越好了
　　C. 最近白菜比以前贵了　　D. 国家的经济不如以前了

9. A. 男的同意帮女的　　　B. 女的要靠着男的
　　C. 男的向女的要东西　　D. 男的和女的说了句话

10. A. 不怎么样　　B. 太乱了　　C. 还可以　　D. 非常好

三 听短文做练习

1. 根据录音内容，判断正误

（1）十几年前，西藏人只喜欢吃萝卜、白菜和土豆这些菜。　　（　　）

（2）十几年前，西藏种植蔬菜的种类很少。　　（　　）

（3）"菜篮子"建设是指发展食品生产。　　（　　）

（4）西藏每个人差不多3天就能吃到1公斤蔬菜。　　（　　）

（5）现在，冬天在拉萨的餐馆可以吃到当地生产的蔬菜。　　（　　）

2. 根据录音内容，选择答案

（1）A. 晴天　　　B. 下雨　　　C. 刮风　　　D. 阴天

（2）A. 蜜蜂　　　B. 鱼　　　　C. 鸟　　　　D. 马

（3）A. 如果蜜蜂出去得晚，回来得早，不久就会下雨。
　　　B. 生活在黑龙江里的某种鱼在大雨快来时，会很活跃。
　　　C. 鸟儿对天气变化的反应不太大。
　　　D. 动物的反应是对环境变化的一种适应。

3. 根据录音内容，回答问题

(1) 联合国对全世界人口变化情况的两次预测有什么不同？

(2) 2025年，印度大概有多少人？

(3) 中国人口最高值大概是多少？什么时候会出现？

口　语

一　课文

(小张和小王讨论南北饮食的不同)

小张：小王，咱们单位楼下新开了一家小饭店，听说他们家的北方菜做得不错，今天中午咱们去那儿尝尝，怎么样？

小王：我看还是算了吧。我这个人一向吃不惯北方菜。那家的菜不一定合我的胃口。

小张：你先别急着下结论呀。去吃过的人都说，那家的菜做得很不错，虽然是北方菜，但已经结合了南方菜的特点。

小王：是吗？那你倒说说看，有什么特点啊？

小张：比如说，北方人喜欢吃咸的，南方人喜欢吃甜的。

可他们家的菜一点儿也不咸,而且,有些菜还比较甜。

小王:就是。我特别讨厌菜做得咸,吃完老得喝水,而且,菜做得咸对身体不好。

小张:其次,北方人喜欢大鱼大肉,菜也做得又粗又多,不像南方菜做得都比较精致。他们家虽然做的还是鱼和肉,但做法上却像南方菜,而且每样的量也不太大。

小王:是呀。北方饭馆特别实在,装菜用大盘子,给的也特别多,可人少了就不太好点菜了。这家听上去很不错。主食怎么样?

小张:他们家的主食种类很多,有北方的饺子、包子、面条等各类面食,也有米饭和各种点心。反正你想得到的几乎都有。

小王:我最喜欢饭后吃点儿点心了。

小张:所以,你不用担心吃不惯他们家的菜。到时候就怕你吃得要扶着墙出来了。

小王:瞧你说得这么好,那我们一会儿就去那儿试试吧。

二 注释

(一) 不一定合我胃口　It may not fit my taste

"合……胃口"意思是适合某人的口味。也可以说"有/没有胃口"如：

The expression "合……胃口" means to fit the taste of sb. We also can say "has/hasn't taste". For example:

(1) 这菜太淡了，不合我的胃口，我不吃了。

(2) 我今天没胃口，你们先吃饭吧。

(二) 吃得要扶着墙出来了

To eat too much to walk out without the support of the wall

这句话的意思是吃得太多，走不了路了。

This sentence means that one eats too much to walk any more.

三 练习

(一) 根据课文内容回答问题

1. 小王为什么不想去那家饭馆吃饭？
2. 他们以前去过那家饭馆吗？
3. 那家饭馆的菜的做法是南方菜还是北方菜？
4. 南方菜和北方菜有什么不同？
5. 小王是南方人还是北方人？
6. 他们最后去那家饭馆吃饭了吗？

(二) 用所给词语或结构各说一组两句对话

1. 合……胃口
2. 结论
3. 特点

4. 就是

5. 精致

6. 瞧你……

（三）根据下面的要求，做对话练习

1. 请你谈谈你们国家的饮食特点。

2. 你喜欢中国的北方菜还是南方菜？为什么？

（四）读课文，学俗语

Zǎofàn yào chīhǎo, wǔfàn yào chībǎo, wǎnfàn yào chīshǎo.
早饭 要 吃好，午饭 要 吃饱，晚饭 要 吃少。

Good for breakfast, full for lunch, but little for supper.

第五十七课　儿行千里母担忧

生　词

听力部分

1. 懂事	v.o.	dǒng shì	be sensible, sensible	丙
2. 断	v.	duàn	break, cut off, stop	乙
3. 树林	n.	shùlín	woods, grove, forest	乙
4. 来不及	v.(c.)	láibují	be too late to do sth	乙
5. 硬	adj., adv.	yìng	hard, stiff; firm, tough	乙
6. 露	v.	lòu	reveal, show, appear	乙
7. 画家	n.	huàjiā	painter, artist	丙
8. 眼看	adv.	yǎnkàn	immediately	丙
9. 火	n., adj.	huǒ	fire, firearms, anger	乙
10. 奔忙	v.	bēnmáng	be busy rushing about	
11. 就业	v.o.	jiù yè	obtain employment	丁
12. 部门	n.	bùmén	department, branch, section	乙
13. 从事	v.	cóngshì	take up	乙
14. 人才	n.	réncái	person of ability and integrity	乙
15. 存在	v.	cúnzài	be, exist, remain; being	乙
16. 眼皮	n.	yǎnpí	eyelid	

17. 警惕	v.	jǐngtì	be on guard against	丙
18. 各自	pr.	gèzì	each, respective; oneself	丙
19. 聚	v.	jù	assemble, gather	丙

口语部分

1. 烦	adj., v.	fán	vexed, irritated, annoyed	丙
2. 无法	v.	wúfǎ	unable, incapable, no way	丙
3. 俗话	n.	súhuà	common saying, proverb	丙
4. 担忧	v.	dānyōu	worry, be anxious	丁

本课新字

林　奔　惕　忧

一　听下面的句子并选择正确答案

1. A. 你很懂事　　　　　　　B. 他比你不懂事
   C. 你比他还不懂事　　　　D. 他们都很懂事
2. A. 和大人的想法一样　　　B. 做的事都是错的
   C. 大了就喜欢管别人　　　D. 不喜欢照大人说的做
3. A. 很容易　　B. 不太难　　C. 不难也不容易　　D. 不太容易

4. A. 说话人是跑着去办这件事的　　B. 说话人的腿已经累得断了
   C. 这件事办起来很不容易　　　　D. 这件事花了很多钱才办好
5. A. 帮不上忙　　　　　　　　　　B. 越来越忙
   C. 工作很忙　　　　　　　　　　D. 自己的事重要
6. A. 不常出门　　　　　　　　　　B. 喜欢到处转
   C. 认不清方向　　　　　　　　　D. 方向感很好
7. A. 手和脚都很大　　　　　　　　B. 知道爸妈很辛苦
   C. 很会省钱　　　　　　　　　　D. 花钱特别多
8. A. 以前这里没有人　　　　　　　B. 现在这里是座公园
   C. 以前有很多人来这儿玩儿　　　D. 现在这里是一个城市
9. A. 他的病已经好了　　　　　　　B. 他的身体不太好
   C. 他的工作很花时间　　　　　　D. 他的工作很不错
10. A. 最重要的是听录音　　　　　　B. 天天和中国人聊天
    C. 多做练习就可以了　　　　　　D. 坚持多听多说多练

二 听下面的对话并选择正确答案

1. A. 想知道是谁告诉女的　　　　　B. 不想告诉女的他得了八级
   C. 他HSK没有得到八级　　　　　D. 他得了八级和女的没关系
2. A. 身上没有钱　　　　　　　　　B. 没有时间吃
   C. 舍不得花钱　　　　　　　　　D. 想请女的吃
3. A. 女的认为小李会来　　　　　　B. 女的认为小李不会来了
   C. 小李还是来了　　　　　　　　D. 小李给大家看了一下脸
4. A. 应该去饭店吃　　　　　　　　B. 没什么好吃的
   C. 事情太多了　　　　　　　　　D. 到外面吃浪费时间
5. A. 在吃硬的东西　　　　　　　　B. 心不坏
   C. 喜欢为别人考虑　　　　　　　D. 心很硬
6. A. 医生　　　B. 摄影师　　　C. 画家　　　D. 作家
7. A. 买到了　　B. 没有买到　　C. 马上去买　　D. 不想买了

8. A. 男的和女的是夫妻俩　　B. 他们在等孩子回家
   C. 小明是他们俩的孩子　　D. 小明离开家两个月了
9. A. 脾气很不错　　　　　　B. 最近要去看火山
   C. 脾气不太好　　　　　　D. 最近很爱生气
10. A. 买什么都很好　　　　　B. 没买对衣服
    C. 又买错东西了　　　　　D. 总是买衣服

三 听短文做练习

1. 根据录音内容，选择正确答案

（1）A. 495万　　B. 413万　　C. 577万　　D. 206万

（2）A. 1%　　　B. 8%　　　C. 37.5%　　D. 64%

（3）A. 毕业生过多　　　　　B. 找工作不能只看大城市、大单位
　　　C. 毕业生越来越多　　　D. 找工作时要有正确的就业观

2. 根据录音内容，判断正误

（1）大多数鱼喜欢睁着眼睛睡觉。　　　　　　　（　　）

（2）鱼儿睡觉大概要一个多小时。　　　　　　　（　　）

（3）鱼儿睡觉的时候如果听到声音会很快地游走。（　　）

（4）鱼儿睡觉时的样子都差不多。　　　　　　　（　　）

3. 根据录音内容，回答问题

（1）爷爷是怎么开始抽烟的？

（2）爷爷喝茶跟别人有什么不一样？

（3）录音中提到了爷爷的哪些爱好？

第五十七课　儿行千里母担忧

口语

一 课文

(小张和小王在宿舍聊天儿)

小张：小王，这么晚了怎么还不睡？是不是碰到什么烦心事了？

小王：哎，前几天我妈给我打了个电话，说是在家给我找了个工作，让我回去看看。可你知道，我根本就不想回去。好不容易考出来，回去有什么意思呀！

小张：那你把你的想法告诉你妈妈啊。

小王：她不会听的。从小，她就帮我安排这、安排那，从来都不问我愿意不愿意。

小张：这就是你的不对了！就是因为你从小就不把想法告诉她，所以她才不知道你在想什么。你应该多和你妈妈交流交流，听听她的想法，也许她希望你在他们身边，这样方便照顾你。

小王：我都这么大了，哪儿还用他们照顾呀。

小张：话可不是这么说的。俗话说得好"儿行千里母担忧"。你一个人在外面，他们怎么可能不担心呢？

小王：那你说我怎么办？

小张：你最好回去和你爸妈谈谈，了解一下他们的想法，再把你自己想的说出来,和他们讨论讨论。我想,他们一定会支持你的。

小王:说得对!我这就回去和他们说说。

小张:你看看现在都几点了呀!赶快睡觉吧!要走,明天也不迟啊!

小王:不好意思,你看我急得都忘了时间了。

二 注释

(一) 安排这、安排那 Arrange this, arrange that

这句话的意思是,什么事情都安排。

This sentence means that everything needs arranging.

(二) 儿行千里母担忧

A mother worries about his son if he is far away from home

这句话的意思是,儿女出门在外,父母都会很担心。

This sentence means that if people work away from home, their parents worry about them very much.

三 练习

(一) 根据课文内容回答问题

1. 小王为什么这么晚还不睡?
2. 小王的父母对她怎么样?
3. 小王的想法是什么?

4. 小张认为小王的想法对不对?

5. 小张给小王的建议是什么?

6. 最后小王决定怎么做?

(二) 用所给的词语或句式各说一句话

1. 烦心事
2. 安排
3. 交流
4. 俗话说得好
5. 好不容易
6. 支持

(三) 根据下面的要求,进行口语练习

1. 对工作和婚姻等问题你和父母有没有不同的看法?为什么会不同?

2. 请谈谈你们国家年轻人和父母之间的关系。

(四) 读课文,学俗语

Yǔ rén fāngbiàn, yǔ jǐ fāngbiàn.
予人 方便,予己 方便。

It is convenient for oneself as well as for others.

第五十八课　三分钟热度

生词

听力部分

1.	婆婆	n.	pópo	husband's mother	丁
2.	影子	n.	yǐngzi	shadow, image	乙
3.	照相馆	n.	zhàoxiàngguǎn	photo studio	
4.	音像	n.	yīnxiàng	audiovisual	
5.	迁	v.	qiān	move	丁
6.	墓地	n.	mùdì	cemetery	
7.	埋	v.	mái	bury	乙
8.	糖尿病	n.	tángniàobìng	diabetes	
9.	饮食	n.	yǐnshí	diet, food and drink	丁
10.	积累	v.	jīlěi	gather, accumulate	乙
11.	劳动	v.	láodòng	work, labor	甲
12.	双方	n.	shuāngfāng	both sides, two parties	乙
13.	购买	v.	gòumǎi	buy, purchase	丙
14.	批	m.(n.)	pī	batch	丙
15.	表明	v.	biǎomíng	make known	乙

第五十八课 三分钟热度

口语部分

1. 歌曲	n.	gēqǔ	song	丙
2. 彼	pr.	bǐ	that, those, the other	丁
3. 热度	n.	rèdù	fervency	
4. 瑜伽	n.	yújiā	Yogo	
5. 健美操	n.	jiànměicāo	exercise for being strong	
6. 心脏	n.	xīnzàng	heart; centre	乙
心脏病	n.	xīnzàngbìng	heart disease	

▶ **专名**

孟子	Mèngzǐ	Mencius

本课新字

墓　埋　尿　购　曲　彼　瑜　伽

听　力

一　听下面的句子并选择正确答案

1. A. 不担心爸妈不同意　　B. 很担心爸妈不同意
   C. 很害怕爸爸妈妈　　　D. 一点儿也不怕爸妈

17

2. A. 不要往西走 B. 不要过去
   C. 别和说话人一起生活 D. 不要和说话人对着干
3. A. 很不好 B. 不太好 C. 一般 D. 非常好
4. A. 被困难的工作吓坏了 B. 很有信心去做这项工作
   C. 不想去做困难的工作 D. 做这项工作的信心不强
5. A. 你不说，我就不帮你 B. 你说了我才会帮你
   C. 你不说，我肯定也会帮你的 D. 你是我的朋友我也不帮你
6. A. 今天想去打鱼 B. 今天要晒网了
   C. 你什么事也干不成 D. 坚持才能做成事情
7. A. 警察 B. 司机 C. 行人 D. 乘客
8. A. 见面的时间 B. 见面的地点
   C. 说话人的心情 D. 约的人是谁
9. A. 很满意 B. 很惊讶 C. 很生气 D. 很难过
10. A. 说话人觉得不值得那么高兴 B. 李明取得了很好的成绩
    C. 说话人为李明感到高兴 D. 李明不是太高兴

二 听下面的对话并选择正确答案

1. A. 饭店老板 B. 商店售货员 C. 气象员 D. 商店老板
2. A. 虫子咬了女的 B. 虫子咬得很疼
   C. 女的很怕打针 D. 打针一点儿也不疼
3. A. 夫妻 B. 情侣 C. 同事 D. 母子
4. A. 人 B. 车 C. 电梯 D. 火车
5. A. 接人离开医院 B. 送人住医院
   C. 看望病人 D. 退掉礼物
6. A. 家离学校只有两步 B. 每天走路去学校
   C. 觉得坐车太麻烦了 D. 家离学校很近
7. A. 打扮得很时髦 B. 很喜欢流行的东西
   C. 一直都很喜欢跳舞 D. 她的东西都很时髦

8. A. 电影院　　　　B. 照相馆　　　　C. 音像店　　　　D. 电器商场
9. A. 饭做得怎么样　　　　B. 下次谁做饭
   C. 石头有多硬　　　　　D. 在哪儿买馒头
10. A. 男的有事不去　　　　B. 女的不想去
    C. 男的要去　　　　　　D. 男的觉得这事不好

三 听短文做练习

1. 根据录音内容，选择正确答案

（1）A. 一次　　　　B. 两次　　　　C. 三次　　　　D. 四次
（2）A. 想要住得舒服一点儿　　　　B. 想要儿子学做生意
　　 C. 想要儿子多交一些朋友　　　D. 希望儿子受到好的影响
（3）A. 墓地附近　　B. 学校附近　　C. 菜场附近　　D. 学校里面

2. 根据录音内容，判断正误

（1）到2025年时，得糖尿病的人数是2003年的两倍。　　　　（　）
（2）过惯苦日子的人比一直过好日子的人更容易得糖尿病。　（　）
（3）目前，中国人比欧洲人更容易得糖尿病。　　　　　　　（　）
（4）为了身体好，我们应该经常不吃饭。　　　　　　　　　（　）

3. 根据录音内容，回答问题

（1）"双独"家庭是什么样的家庭？

（2）根据短文，如果有100对"双独"夫妻结婚，大概有多少对是自己花钱买房的？

（3）某杂志所调查的"双独"家庭的平均结婚时间是几年？

口语

一 课文

(小张和小王正在聊天)

小张：小王，听说你最近在学京剧，是不是真的？

小王：没错，我是在学唱京剧，不过，刚开始学。

小张：一开始，小李告诉我时，我还以为他在开玩笑呢，没想到是真的。你以前不是学唱流行歌曲吗？怎么这么快就换成京剧了？

小王：哎，此一时，彼一时嘛。我以为流行歌曲好学，就试着去学，可没想到还真不容易。前几天，我在电视上看到京剧表演，觉得很有意思，于是就报名去学了。

小张：你这个人哪，真是三分钟热度，做什么都长不了。看见别人练瑜伽，你也跟着练，可没过几天就不练了。

小王：那不是太难了嘛。别人的腰都很软，怎么弯都行，就我怎么弯也弯不下去。

小张：还有上一次，你说自己太胖了，想减肥，就跑去跳健美操。那次坚持的时间还算长，一个月才打退堂鼓。

小王：跳健美操实在太累了！心脏受不了啊！没心脏病的人最后也要跳出心脏病了。

小张：你看你，有哪次是坚持到底的！

小王：这次我一定能坚持。现在我已经找到感觉了。如果我还不能坚持，那我就请你大吃一顿。

二 注释

(一) 此一时，彼一时 Now the situation has changed

这句话的意思是，现在是一种情况，那时又是一种情况，指情况已和过去不一样了。

This sentence means that the present situation is like this, while the past situation was like that. It denotes that the present situation is different from the past.

(二) 三分钟热度 Being excited for three minutes

这句话的意思是，做什么事情都坚持不了多长时间。

It means that one is excited to do sth. only for a short time.

(三) 打退堂鼓 Back out

这句话的意思是，不准备继续做了，要退出了。

It means that one wants to retreat from doing sth, and does not want to continue to do it.

三 练习

(一) 根据课文内容回答问题

1. 小王最近在做什么？
2. 为什么小张说小王"三分钟热度"？
3. 小王以前都学过哪些东西？
4. 为什么小王每次都坚持不下去？
5. 小王认为自己能坚持下去吗？

(二) 用所给的词语或句式各说一句话

1. 此一时，彼一时
2. 三分钟热度
3. 打退堂鼓
4. 实在
5. 坚持到底
6. 以为

(三) 根据下面的要求，进行口语练习

1. 你做事情的时候会不会遇到困难就打退堂鼓？为什么？
2. 你的朋友遇到困难了，想打退堂鼓，你打算怎么劝他？

(四) 读课文，学俗语

Jiānchí jiùshì shènglì.
坚持 就是 胜利。
Persistence is victory.

第五十九课　兴趣比什么都重要

生词

听力部分

1. 秘书	n.	mìshū	secretary	丙
2. 应聘	v.	yīngpìn	accept an offer of employment	
3. 招聘	v.	zhāopìn	engage through public notice	丁
4. 的确	adv.	díquè	indeed, really	乙
5. 培养	v.	péiyǎng	foster, train	丙
6. 药店	n.	yàodiàn	drugstore, pharmacy	
7. 脑袋	n.	nǎodai	head	乙
8. 符号	n.	fúhào	symbol, mark	丁
9. 图画	n.	túhuà	drawing	丙
10. 决赛	n.	juésài	finals, decider	丁
11. 败	v.	bài	be defeated, lose	
12. 变色龙	n.	biànsèlóng	chameleon	
13. 本领	n.	běnlǐng	skill, ability, capability	乙
14. 伪装	v., n.	wěizhuāng	pretend, feign; disguise	
15. 儿童	n.	értóng	children	乙

16. 死亡	v.	sǐwáng	death, doom, deadly, demise	丙
17. 采取	v.	cǎiqǔ	adopt or carry out	乙
18. 行动	v., n.	xíngdòng	move, get about, take action	乙
19. 预防	v.	yùfáng	take precautions against	丙

口语部分

1. 西方	n.	xīfāng	the west; the West	乙
2. 差异	n.	chāyì	difference	丁
3. 某些		mǒuxiē	some, certain, a few	丙
4. 隐私	n.	yǐnsī	one's secrets	
5. 融入	v.	róngrù	merge into	

▶ 专名

1. 黄河	Huáng Hé	Yellow River
2. 楚国	Chǔ Guó	name of an ancient kingdom
3. 国际抗癌联盟	Guójì Kàng'ái Liánméng	The International Union against Cancer (UICC)

第五十九课　兴趣比什么都重要

本课新字

| 聘 | 培 | 符 | 伪 | 抗 | 盟 | 亡 | 隐 | 融 |

听 力

一　听下面的句子并选择正确答案

1. A. 疑问　　　B. 着急　　　C. 关心　　　D. 担心
2. A. 功夫很好　　　　　　　B. 有很多的时间
   C. 演得很好　　　　　　　D. 花了很多时间
3. A. 希望自己能飞　　　　　B. 想要学中国武术
   C. 希望能马上过去　　　　D. 很讨厌中国武术
4. A. 还有十五分钟就到家了　B. 他连十五分钟也不想等
   C. 还有大概八天才能回家　D. 他想马上就回家
5. A. 我和他没有共同语言　　B. 我和他关系不错
   C. 我和他不一起去　　　　D. 别人可以和他说话
6. A. 很少下雪　B. 下了几次雪　C. 一直下雪　D. 雪下完了
7. A. 担心　　　B. 安慰　　　　C. 生气　　　D. 鼓励
8. A. 开车　　　B. 坐车　　　　C. 骑车　　　D. 走路
9. A. 家里　　　B. 垃圾站　　　C. 街上　　　D. 宾馆
10. A. 应聘的人　B. 招聘的人　　C. 秘书　　　D. 老板

二　听下面的对话并选择正确答案

1. A. 他没看过这首诗　　　B. 他只会倒过来背这首诗
   C. 这首诗写倒了　　　　D. 他对这首诗很熟悉
2. A. 不想听医生说话　　　B. 喜欢说话
   C. 喜欢管别人　　　　　D. 想管医生

3. A. 女的觉得女孩很漂亮　　　　　B. 男的觉得女孩不够漂亮
   C. "校花"是一种花的名字　　　D. 女的学校没有更漂亮的女孩
4. A. 公司的情况　　　　　　　　　B. 收入的问题
   C. 心情怎么样　　　　　　　　　D. 管理的好坏
5. A. 散步　　　B. 逛街　　　C. 休息　　　D. 取钱
6. A. 商店　　　B. 药店　　　C. 医院　　　D. 银行
7. A. 自己也生病了　　　　　　　　B. 小李的病挺严重的
   C. 他觉得女的说得对　　　　　　D. 不同意女的看法
8. A. 丈夫和妻子　B. 妈妈和儿子　C. 老师和学生　D. 老板和职员
9. A. 孩子总是不听女的说的话　　　B. 孩子总是在女的耳边吹风
   C. 男的觉得孩子也不小了　　　　D. 女的觉得风太大了
10. A. 抬头看一下　B. 动动脖子　C. 忍一忍　　D. 动动脑袋

三 听短文做练习

1. 根据录音内容，判断正误

（1）中国经济发展很快，学汉语的人多了。　　　　　　　　（　）

（2）外国人学习汉语是因为觉得汉字像图画一样漂亮。　　（　）

（3）"中国队大胜美国队"和"中国队大败美国队"意思一样。（　）

（4）中国队第二次赢了美国队。　　　　　　　　　　　　　（　）

2. 根据录音内容，回答问题

（1）变色龙有什么躲开敌人的本领？

（2）变色龙一天可以改变几种颜色？

（3）变色龙为什么会改变身体的颜色？

3. 根据录音内容，选择正确答案

(1) A. 癌症治疗　　　　　　　B. 今天的儿童，明天的世界
　　C. 癌症控制　　　　　　　D. 今天的儿童，明天的未来
(2) A. 130万　　B. 700万　　C. 760万　　D. 8400万
(3) A. 13%　　　B. 70%　　　C. 76%　　　D. 84%
(4) A. 半年　　　B. 一年　　　C. 四年　　　D. 十年

口语

一 课文

(小王和安德在聊天)

小王：安德，你在中国生活多久了？

安德：差不多一年了。你不是知道吗？怎么还问我？

小王：前几天，我在电视上看到一个节目，主持人在节目中采访了几个在中国生活的外国人。今天，我也想采访采访你。

安德：好，王记者，你就采访吧。

小王：你对在中国的生活满意吗？

安德：很满意。中国是一个很友好的国家，不管你来自哪个国家，中国人都会很热情地对你。

小王：对，中国人对外国人的确很热情。

安德：中国的经济发展很快，在中国生活和在我们国家已经没有什么区别了。这和我以前所了解的中国不一样。

小王：中国的发展很快，特别是最近这20年。那你对在中国的生活有没有什么不满意的地方？

安德：应该说不是不满意，而是中西方文化上的差异造成了某些不习惯。比如，有的时候，我在路上碰到认识的人，他们会问我，你去哪儿？听到他们这样问我，我会不太习惯。

小王：是啊，在西方，这样的问题属于个人隐私，一般是不会有人问你的。可在中国，这样的问题就成了熟人之间打招呼的方式。

安德：刚开始，我不太想回答。现在，我想通了，来到中国，我就应该"入乡随俗"。

小王：看来，你已经融入了中国社会，希望你在中国的生活越来越好。谢谢你接受我的采访。

二 注释

入乡随俗 Do in Rome as Romans do

意思是到哪个地方就顺从哪个地方的风俗。

It denotes that wherever one goes, do as the local people do.

三 练习

（一）根据课文内容回答问题

1. 安德对在中国的生活满意吗？
2. 小王为什么要采访安德？
3. 请你说出中西方文化的一些差异。
4. 安德现在的生活怎么样？
5. 你们国家和中国的文化有什么异同？

（二）用所给格式各说一组两句对话

1. 不管……都
2. 某些
3. 差异
4. 造成
5. 隐私
6. 入乡随俗

（三）根据下面的要求，进行口语练习

1. 请你谈谈你们国家的一些风俗习惯。
2. 请你谈谈你对中国文化的了解。

（四）读课文，学俗语

Suí yù ér ān
随 遇 而 安

To fell at home wherever one is.

第六十课　复习（十二）

生词

听力部分

1. 方案	n.	fāng'àn	scheme, plan	乙
2. 依靠	v.	yīkào	rely on, depend on	乙
3. 过时	adj.	guòshí	old-fashioned, unfashionable	
4. 打听	v.	dǎtīng	ask about	乙
5. 改行	v.o.	gǎi háng	change one's profession	
6. 首先	conj.	shǒuxiān	first	乙
7. 实验	n., v.	shíyàn	experiment, test	乙
8. 拍照	v.o.	pāi zhào	take (a picture)	丁
9. 碎	v., adj.	suì	break into pieces, smash	乙
10. 灭	v.	miè	(of a light etc.) go out	乙
11. 密	adj.	mì	dense, thick, intimate	乙
12. 摸	v.	mō	touch, feel, stroke	乙
13. 道路	n.	dàolù	road	乙
14. 战争	n.	zhànzhēng	war, warfare	乙
15. 航线	n.	hángxiàn	pathway, air or shipping line	丁
16. 茶叶	n.	cháyè	tea	丙
17. 陶瓷	n.	táocí	pottery and porcelain	丁

第六十课 复习(十二)

口语部分

| 1. 袖子 | n. | xiùzi | sleeve | 丁 |
| 2. 权利 | n. | quánlì | right, privilege | |

本课新字

依 碎 灭 摸 陶 瓷 袖 权

听 力

一 听下面的句子并选择正确答案

1. A. 少数人不同意　　　　　B. 多数人不同意
   C. 说话人没说实话　　　　D. 说话人不同意
2. A. 他看过十次　　　　　　B. 他看过不到十次
   C. 他看过不止十次　　　　D. 再看就是第十次了
3. A. 高兴　　B. 生气　　C. 可惜　　D. 着急
4. A. 不相信别人说的话　　　B. 在问别人相信什么
   C. 认为别人说的话不能全信　D. 在问为什么相信别人说的话
5. A. 不放心他　　B. 不相信他　　C. 对他很担心　　D. 很相信他
6. A. 他觉得小王可依靠　　　B. 他看不起小王
   C. 小王平时说话声音小　　D. 他想靠在小王身上
7. A. 山的前边有条路　　　　B. 车到前边就好了
   C. 不要担心，路越来越好走　D. 不要担心，会有办法的
8. A. 谈朋友就应该结婚　　　B. 那个人的朋友早就结婚了
   C. 谈朋友也不一定要结婚　D. 那个人的朋友就要结婚了

9. A. 小店起火了　　B. 小店生意好　　C. 小店没生意　　D. 小店不方便
10. A. 是个很复杂的人　　　　　　　B. 成绩不太好
　　C. 想问题很简单　　　　　　　　D. 学习不太认真

二 听下面的对话并选择正确答案

1. A. 男的正打算去做　　　　　　　B. 男的没有信心办好
　 C. 已经办好了　　　　　　　　　D. 差不多办好了
2. A. 钱　　　　B. 工艺品　　　C. 床上用品　　D. 花瓶
3. A. 男的让女的不要急　　　　　　B. 男的让她等一会儿再问
　 C. 男的认为豆腐太热　　　　　　D. 女的想吃豆腐
4. A. 男的让女的走路小心点儿　　　B. 男的也不知道该怎么办
　 C. 女的问男的怎么走　　　　　　D. 男的做事很仔细
5. A. 小李现在在做贸易生意　　　　B. 小李的生意不太好
　 C. 男的和女的在讨论新闻　　　　D. 小李早就不做贸易生意了
6. A. 出去旅行了　　　　　　　　　B. 工作很忙
　 C. 累得生病了　　　　　　　　　D. 住了好长时间医院
7. A. 她爸爸很厉害　　　　　　　　B. 她能获奖是爸爸教育出来的
　 C. 她没有她爸爸厉害　　　　　　D. 她的爸爸也获了不少奖
8. A. 他很穷　　　　　　　　　　　B. 他很开心
　 C. 他不知道是谁说的　　　　　　D. 他没有赚钱
9. A. 别人可以不去，你一定要去　　B. 别人去，你就可以不去了
　 C. 别人不去，你也可以不去　　　D. 你去了，我就不让别人去了
10. A. 工作找得很好　　　　　　　　B. 工作找得不太好
　　C. 没找到满意的工作　　　　　　D. 找了很多不好的工作

三 听短文做练习

1. 根据录音内容，判断正误

（1）真的丝绸不会烧起来。　　　　　　　　　　（　　）

(2) 假的丝绸遇水会变小。　　　　　　　　（　）

(3) 真的丝绸摸起来很薄。　　　　　　　　（　）

(4) 真的丝绸泡5个小时形状就不会变了。　（　）

2. 根据录音内容，选择正确答案

(1) A. 黑色　　　B. 白色　　　C. 绿色　　　D. 蓝色

(2) A. 黑色　　　B. 银色　　　C. 绿色　　　D. 蓝色

(3) A. 兴奋　　　B. 难过　　　C. 平静　　　D. 舒服

(4) A. 绿色和蓝色汽车没有银色汽车安全

　　B. 交通部门对汽车颜色与事故的关系进行了研究

　　C. 文中介绍了该大学的实验方法

　　D. 红色会让人觉得心情愉快

3. 根据录音内容，回答问题

(1) 海上丝绸之路是什么时候开始的？什么时候发展到了最高峰？

(2) 海上丝绸之路是如何代替陆上丝绸之路的？

(3) 海上丝绸之路为什么会逐渐退出历史？

口语

一 课文

（小张和小王在路上偶遇）

小张：小王，这么急，去哪儿呀？

小王：哎，气死我了。前几天刚买的真丝衬衫，没穿两天就坏了。现在准备拿去换。

小张：质量怎么这么差？你是在哪儿买的？

小王：就在单位附近的一个小店里。前几天，换季大减价，我看一件才40块钱，就买了两件。没想到，刚穿几天袖子就磨坏了。

小张：以前我就告诉过你，"便宜没好货，好货不便宜"。买东西，不能只看价钱，还要看质量。

小王：可是我也记得你告诉过我，"货比三家"，什么东西都要看过几家，然后找一家最便宜的买，不是吗？

小张："货比三家"是对的，但是，要先保证东西的质量，才能"货比三家"啊。

小王：哎呀，你怎么不早点儿说呢？对了，这是换季减价的东西，老板能给我换吗？

小张：当然会给你换了。所有商品，不管是不是减价的，在一定时间内都可以退换，这是消费者的权利。

小王：那就好，我刚才还担心老板不给我换呢。

小张：那你赶快去吧。

小王：好的。我马上就去，顺便再看看有没有便宜的裤子，买一条回来。

二 注释

（一）便宜没好货，好货不便宜

What is cheap is not good, and what is good is not cheap

这句话的意思是，东西的价格都要看质量，价格便宜的一般质量都不太好，而质量好的东西价格都比较贵。因此，在买东西的时候不能只看价格，更重要的是要看看质量。如：

This sentence means that the price of sth. depends on its quality. Usually those of cheap price are not of good quality, while those of good quality are often expensive. Therefore, when we are doing some shopping, not only shall we care the price, but also the quality, which is very important. For example:

A：我这鞋才穿了一个月就坏了。

B：便宜没好货，好货不便宜。你看我的，穿了一年还和新的一样。

（二）货比三家

After comparison among three shops, the shopping can be done

这句话的意思是，什么东西都应该经过价格和质量的比较以后才买。如：

It means that anything can be bought only after the comparison of price and quality. For example:

A：咱俩的包是一样的。我花了400块，你花了多少钱？

B：300。我货比三家以后，发现路边上的那家最便宜，质量也很好。

三 练习

（一）根据课文内容回答问题

1. 小王为什么要买那家店的真丝衬衫？
2. 小王买的衬衫怎么了？
3. 小张告诉过小王什么？
4. 小王为什么担心老板不给她换？
5. 小王真的明白"便宜没好货，好货不便宜"这个道理了吗？

（二）用所给的词语各说一句话或一组对话

1. 换季大减价
2. 便宜没好货，好货不便宜
3. 货比三家
4. 保证
5. 再……也不
6. 顺便

（三）根据下面的要求，进行口语练习

1. 在你们国家是不是也有"便宜没好货，好货不便宜"的说法？请谈谈你对这句话的看法。
2. 说说你在中国买东西的经历。

（四）读课文，学俗语

Yì fēn qián yì fēn huò
一 分 钱 一 分 货

The higher the price, the better the quality.

第六十一课　我相信会有这么一天

生词

听力部分

1.	人次	m.(n.)	réncì	person-time, man time, man-times	
2.	晕	v.	yūn	dizzy, giddy, faint, pass	丙
3.	娱乐	v., n.	yúlè	amuse; amusement, entertainment	丙
4.	企鹅	n.	qǐ'é	penguin	
5.	长度	n.	chángdù	length	乙
6.	臭	adj.	chòu	smelly, odorous	乙
7.	升高	v.(c.)	shēnggāo	go up, rise, ascend, elevate, hoist	
8.	区	n.	qū	region, district, area	乙
9.	海拔	n.	hǎibá	height above sea-level	丙
10.	植物	n.	zhíwù	plant, flora	乙
11.	成立	v.	chénglì	build, establish, set up	乙
12.	游记	n.	yóujì	travel notes	
13.	闯	v.	chuǎng	rush, dash, charge, break	乙
14.	恶劣	adj.	èliè	vile, odious, abominable	丙
15.	婴儿	n.	yīng'ér	infant, baby	丙
16.	刹车	v.o.	shāchē	brake, skid	
17.	伤害	v.	shānghài	hurt, harm, injure, damage	丙

口语部分

1. 男子汉	n.	nánzǐhàn	a real man, true man.		
2. 狼	n.	láng	wolf.	乙	
3. 生态	n.	shēngtài	ecology, ecological	丁	
4. 灭绝	v.	mièjué	become extinct, die out, exterminate		
5. (老)虎	n.	(lǎo)hǔ	tiger	乙	
6. 措施	n.	cuòshī	measure, step	乙	
7. 减少	v.	jiǎnshǎo	par down, reduce, decrease	乙	
8. 地球	n.	dìqiú	earth.	乙	

▶ 专名

南极	Nánjí	South Pole

本课新字

晕 娱 企 鹅 臭 闯 恶 岁 婴
刹 狼 措 施

第六十一课　我相信会有这么一天

听　力

一　听下面的句子并选择正确答案

1. A. 比较少，只有1400万人　　B. 很多，有1400万人
   C. 比较少，只有1400万人次　D. 很多，有1400万人次
2. A. 常常吃中餐，偶尔吃西餐　B. 常常吃西餐，偶尔吃中餐
   C. 有时吃中餐，有时吃西餐　D. 只吃中餐，不吃西餐
3. A. 前一天睡好　　　　　　　B. 上车前多吃
   C. 在车里走走　　　　　　　D. 尽量往两边看
4. A. 娱乐节目　B. 体育节目　C. 谈话节目　D. 新闻节目
5. A. 做饭　　　B. 洗衣服　　C. 工作　　　D. 打扫房间
6. A. 身高不到一米　　　　　　B. 肚子是白色的
   C. 是一种不能飞的鸟　　　　D. 只分布在南极地区
7. A. 事故发生在今晨八点　　　B. 4人在这次事故中死亡
   C. 事故原因已经调查清楚　　D. 这可能是一则新闻
8. A. 张亮　　　　　　　　　　B. 李明
   C. 张亮或者李明　　　　　　D. 既不是张亮也不是李明
9. A. 冷空气从南边来到我省　　B. 明天会降温
   C. 气温下降8度　　　　　　 D. 后天气温就会升高
10. A. 一般不会主动伤人　　　　B. 比较容易受惊
    C. 饿的时候也不伤人　　　　D. 受了惊一定会伤人

二　听下面的对话并选择正确答案

1. A. 野生的和人工养的都很贵　B. 野生的贵，人工养的不贵
   C. 野生的不贵，人工养的贵　D. 野生的和人工养的都不贵
2. A. 商场　　　B. 宾馆　　　C. 餐厅　　　D. 教室
3. A. 等他来　　B. 去找他　　C. 做别的　　D. 找别人

4. A. 女人生孩子有四个月的假　　B. 妻子生孩子，丈夫有两个星期假
   C. 女的是老李的妻子　　　　　D. 女的还没有生孩子

5. A. 去看电影了　　B. 看完电影了　　C. 还在等小张　　D. 没等到小张

6. A. 非常好吃　　B. 还可以　　C. 说不上好不好吃　　D. 非常难吃

7. A. 男的帮了女的一个忙　　B. 男的并不感谢女的
   C. 女的跟男的关系很好　　D. 女的不认识男的

8. A. 看文学、政治　　　　　B. 看经济、地理
   C. 知道考试范围　　　　　D. 平时多看书

9. A. 目前公司的产品质量不错　　B. 现在公司的影响不太大
   C. 公司打算在杂志上做广告　　D. 在电视上做广告很贵

10. A. 生气　　B. 伤心　　C. 失望　　D. 惋惜

三 听短文做练习

1. 根据第一遍录音内容，填空

卧龙自然保护区概况	数　字
东西长	
南北宽	
面积	
最高高度	
最低高度	
年平均气温	

根据第二遍录音内容，选择正确答案

(1) A. 导游词　　B. 新闻　　C. 作文　　D. 游记

(2) A. 西南部　　B. 西北部　　C. 东南部　　D. 东北部

(3) A. 是一个省级自然保护区　　B. 有春夏秋冬四个季节
    C. 保护区于1943年成立　　　D. 既保护动物也保护植物

第六十一课 我相信会有这么一天

2. 根据录音内容，选择正确答案

(1) A. 公司派他去　　　　　　B. 闯了红灯
　　C. 跟工作人员吵架　　　　D. 向工作人员道歉

(2) A. 交罚款的人很多　　　　B. 他等了很长时间才办
　　C. 工作人员态度恶劣　　　D. 今天办不了了

(3) A. 小李等了两个小时才到他　B. 工作人员让小李后天再来
　　C. 小李惹得工作人员生气了　D. 小李不想交20块罚款

3. 根据录音内容，判断正误

(1) 根据调查，德国人认为婴儿的哭声最可怕。　　　　　（　）
(2) 500名18岁的德国人参加了这次调查。　　　　　　　（　）
(3) 德国人认为第二可怕的声音是硬的东西划玻璃的声音。（　）
(4) 刹车的声音比婴儿的哭声对人体的伤害更大。　　　　（　）

口语

一 课文

（安德和王明在路上遇到了）

王明：新闻上说，最近紫金山上又有狼出现了。

安德：是吗？这有点儿可怕。不过，从另一个角度来说，这是一件好事。

王明：这话怎么讲？

安德：狼又出现了，说明紫金山的生态环境恢复得比较好。

王明：也是。听说十年前紫金山上还有狼，可是随着这些年的开发，这儿的狼几乎已经灭绝了。

安德：不仅是中国，世界上很多国家在发展经济的时候，没有注意保护生态环境，造成了很多动物的灭绝。

王明：还有一些动物虽然没有灭绝，但是数量大量减少了，就像中国的华南虎，五十年前还有四千多只，而现在竟然就只有几十只了，而且还都在动物园里。

安德：不过，好在各国都已经认识到了这个问题，都在花大力气保护和恢复生态环境，也取得了不错的效果。

王明：是的。现在常常在新闻上看到某种动物又出现了，这说明政府的保护措施已经起到了作用，生态环境正在慢慢恢复。

安德：真希望人类和动物能够和平地相处。毕竟我们一起生活在地球上。

王明：我相信会有这么一天的！

二 注释

（一）这话怎么讲 What do you mean by saying that

这句话是请对方解释一下自己刚才的话。如：

This sentence requires the other speaker to explain what he just said. For example:

(1) 你刚才说不能相信他这个人，这话怎么讲？

(2) A：老李要不是心好，早发了。
　　B：这话怎么讲。

（二）我相信会有这么一天的 I am sure this day will come

这句话的意思是相信某件事情一定会实现。如：

It means that the speaker believes something will be realized. For example:

(1) 虽然现在世界上还有战争，但是我相信会有和平的这么一天的。

(2) 继续努力，我相信你会有成功的那一天的。

三 练习

（一）根据课文内容回答问题

1. 为什么安德说紫金山上有狼是好事？
2. 造成很多动物灭绝或数量大量减少的原因是什么？
3. 对于生态环境的问题，政府需要怎么努力？
4. 谈谈你们国家动物保护的情况。

（二）用所给词语或结构各说一组两句对话

1. ……情况下
2. 根据……的规定
3. 有这样……的吗？
4. 大量

5. 从另一个角度说

6. 造成

7. 花大力气

(三) 根据下面的情景，做对话练习

1. 请你谈谈你们国家动物保护的情况。

2. 如果你是你们国家能源部的部长，你怎么处理开发自然和保护自然的关系？

(四) 读课文，学俗语

shòusǐ de luòtuo bǐ mǎ dà
瘦死 的 骆驼 比 马 大

A very thin camel is still larger than a horse.

第六十二课　人间天堂

生词

听力部分

1.	亲人	n.	qīnrén	kinsfolk, relative	丙
2.	肿	v.	zhǒng	swollen, tumescent, tumid, bloated	丙
3.	桃子	n.	táozi	peach	丙
4.	滋味儿	n.	zīwèir	flavor, savor	丙
5.	起码	adv.	qǐmǎ	at least	丁
6.	工程师	n.	gōngchéngshī	engineer	乙
7.	现金	n.	xiànjīn	cash	
8.	赔	v.	péi	compensate, make a lost in business	乙
9.	天堂	n.	tiāntáng	paradise, heaven	
10.	位于	v.	wèiyú	be located, be situated, lie	丙
11.	闻名	adj.	wénmíng	famous	丙
12.	泉	n.	quán	spring; mouth of a spring	丁
13.	善良	adj.	shànliáng	good and honest, kind-hearted	丁
14.	同情	v.	tóngqíng	feel for, commiserate with	乙
15.	哗啦	on.	huālā	a kind of sound	

16. 实行	v.	shíxíng	put into practice, carry out, practise	乙
17. 淡季	n.	dànjì	slack or off season	丁
18. 旺季	n.	wàngjì	busy season, rush season, high season	
19. 线路	n.	xiànlù	circuit, line, route	丙

口语部分

1. 咨询	v.	zīxún	seek counsel or advice from	丁
2. 硬卧	n.	yìngwò	sleeper (on train)	
3. 住宿	v.	zhùsù	lodge, residence	
4. 保险	n., adj.	bǎoxiǎn	insurance, safety, insure	丙

▶ 专名

1. 浙江省	Zhèjiāng Shěng	Zhejiang province
2. 虎跑泉	Hǔpǎo Quán	name of a spring
3. 孟姜女	Mèngjiāngnǚ	a person's name
4. 贵阳	Guìyáng	name of a city
5. 敦煌	Dūnhuáng	Dunhuang (in Gansu)
6. 崂山	Láo Shān	name of a mountain
7. 孔庙	Kǒng Miào	Kong Temple
8. 漓江	Lí Jiāng	name of a river

本课新字

| 肿 | 桃 | 滋 | 赔 | 泉 | 良 | 哗 | 旺 | 咨 |
| 询 | 浙 | 姜 | 敦 | 煌 | 崂 | 漓 |

听 力

一 听下面的句子并选择正确答案

1. A. 一口　　　　B. 两口　　　　C. 三口　　　　D. 四口
2. A. 牙疼　　　　　　　　　　　B. 晕过去了
   C. 到了一个黑的地方　　　　　D. 不知道该说什么
3. A. 已经推出一段时间了　　　　B. 颜色鲜艳，价格较贵
   C. 功能非常多　　　　　　　　D. 年轻人和老人都喜欢
4. A. 怀疑　　　　B. 惊喜　　　　C. 犹豫　　　　D. 惋惜
5. A. 她丈夫死了　　　　　　　　B. 她哭了一个晚上
   C. 她的眼睛哭肿了　　　　　　D. 她很伤心
6. A. 学习努力　　B. 想学飞行　　C. 不听话　　　D. 年纪很小
7. A. 公司总经理　B. 公司职员　　C. 医院院长　　D. 餐厅顾客
8. A. 现在停电了　　　　　　　　B. 他刚才在用电脑
   C. 他没保存电脑里的文件　　　D. 他的电脑没了
9. A. 高兴　　　　B. 愤怒　　　　C. 难受　　　　D. 着急
10. A. 他很笨　　　　　　　　　　B. 他可能不知道
    C. 他肯定知道　　　　　　　　D. 他也许已经知道了

二 听下面的对话并选择正确答案

1. A. 可以原谅女的   B. 女的犯错误的次数不多
   C. 这次不能原谅女的   D. 让女的下次注意
2. A. 吃惊   B. 着急   C. 麻烦   D. 无所谓
3. A. 男的发了很大的脾气   B. 男的觉得那个杯子很小
   C. 那个杯子有近三百年的历史   D. 那个杯子非常珍贵
4. A. 女的穿这件衣服很好看   B. 这件衣服颜色很亮
   C. 他的眼睛不舒服   D. 这件衣服马马虎虎
5. A. 根本不认识   B. 仅仅是认识   C. 比较熟悉   D. 好得不能再好了
6. A. 收银台   B. 服务台   C. 银行窗口   D. 挂号处
7. A. 男的住在五星级宾馆   B. 那条船是五星级的
   C. 船上有个五星级宾馆   D. 那条船的条件非常好
8. A. 女的是顾客   B. 三月涨了两次价了
   C. 男的是卖东西的   D. 涨价后男的还不赚钱
9. A. 头疼   B. 怕花钱   C. 外面人太多   D. 到处都很挤
10. A. 已经退休了   B. 大概七十多岁
    C. 每天去爬山   D. 常常心情不好

三 听短文做练习

1. 根据录音内容，选择正确答案
   (1) A. 在浙江省的东边   B. 有整整2000年的历史
       C. 风景名胜非常多   D. 全年最低温度是16.2℃
   (2) A. 在市中心   B. 是省级风景名胜区
       C. 总面积不到60平方公里   D. 有十个景点最有名
   (3) A. 是中国四大名茶之一   B. 颜色非常绿
       C. 泡出来的茶非常甜   D. 只能用虎跑泉的水泡
   (4) A. 是一座城市   B. 专门卖丝绸
       C. 位于杭州   D. 是中国最大的专业丝绸市场

2. 根据录音内容，选择正确答案

（1）孟姜女和范喜良是别人介绍认识的。　　　　（　）
（2）很多人因为造长城饿死、累死了。　　　　　（　）
（3）孟姜女的父母不同意她跟范喜良结婚。　　　（　）
（4）举行婚礼前范喜良就被抓走了。　　　　　　（　）
（5）孟姜女到达长城的时候范喜良已经死了。　　（　）
（6）孟姜女把长城哭倒了。　　　　　　　　　　（　）

3. 根据录音内容，判断正误

（1）从去年"五一"开始敦煌景区门票涨价了。　（　）
（2）最近机票价格也提高了。　　　　　　　　　（　）
（3）泰山景区门票价格涨到了35元。　　　　　　（　）
（4）丝绸之路线路淡季价格是4380元。　　　　　（　）
（5）旺季指的是每年11月到第二年3月。　　　　（　）

口语

一 课文

（安德去旅行社咨询，小王接待了他）

安德：你好，这个暑假我想去大理玩，来咨询一下。

小王：我们没有单独去大理的线路，不过有昆明、大理、漓江双飞双卧六日游的线路。

安德：双飞双卧是什么意思？

小王：从这里到昆明来回是坐飞机，从昆明到大理、大理到漓江来回坐火车硬卧。

安德：听起来不错，这样就不会太累，把精力省下来好好欣赏风景。那么价格呢？

小王：3300元。

安德：包括哪些项目呢？

小王：包括所有的火车票、机票、吃饭、住宿以及景点的大门门票。

安德：含保险吗？

小王：我们会为您买一份旅行社责任险，如果您觉得不够的话，还可以自己买一份10万元的旅游意外险，价格是10元钱。

安德：好的，我明白了。我想报名参加这个团，需要办什么手续？

小王：您需要跟我们签一份合同，留一下您的护照号码，然后交齐团费就可以了。

安德：好的。

二 注释

(一) 我来咨询一下　I will make a consultation about it

在咨询时常用的句式，其他常用句式还有：

It is a common pattern for consultation. Some similar patterns are also used as the following:

我想请问/咨询/请教一下……

(二) 旅行社责任险　Liability insurance of travel agency

保险的一种，承担因旅行社的过错而给游客带来的损失，如没有买到返程票而耽误游客时间造成的损失等。其他主要保险类型还有：人寿险、意外险、医疗险等等。

It is one type of insurance, which is charged with the travellers' loss because of the faults of the travel agency, such as the loss caused by the delay because of no available return ticket and so on. The other main types of insurance are life insurance, acciental insurance and medical insurance, etc.

三 练习

(一) 根据课文内容回答问题

1. 这个暑假安德可能会去哪儿旅行？
2. 旅行社的团费包括哪些项目？
3. 如果一个人买了旅游意外险，他在旅行时出了意外，他最多可以拿到多少钱？
4. 如果你想参加这个旅行团，你需要准备些什么？

(二) 用所给词语或结构各说一组两句对话

1. 唯一
2. 整整

3. 不是滋味儿

4. 起码

5. 心里像少了什么似的

6. 被列为

7. 我想咨询一下

(三) 根据下面的情景或要求，进行口语练习

1. 你是你们国家一家旅行社的工作人员，一个中国人想去你们国家旅行，请向他介绍你们的旅行线路和服务。

2. 你觉得跟旅行社旅行好呢还是自己旅行好？各有什么优点和缺点？

(四) 读课文，学俗语

dú wàn juàn shū, xíng wàn lǐ lù
读万卷书，行万里路

Read thousands of books, travel thousands of miles.

第六十三课　公平的工作机会

生词

听力部分

1.	芭蕾	n.	bālěi	ballet	
2.	天鹅	n.	tiān'é	swan	
3.	缺	v.	quē	lack, be short of, out of	乙
4.	诊所	n.	zhěnsuǒ	clinic	
5.	缓解	v.	huǎnjiě	relieve, alleviate, ease	
6.	投资	v.o., n.	tóuzī	invest; investment	丁
7.	病房	n.	bìngfáng	hospital ward, sickroom.	乙
8.	老婆	n.	lǎopo	wife	丙
9.	玩具	n.	wánjù	toy, knick-knack, plaything	丁
10.	钟	n.	zhōng	clock	甲
11.	梨(子)	n.	lí (zi)	pear	乙
12.	盲	adj.	máng	blind, ablepsia	丁
13.	优秀	adj.	yōuxiù	outstanding, excellent	乙
14.	自费	adj.	zìfèi	at one's own expenses	乙
15.	有效	adj.	yǒuxiào	efficacious, effective	乙
16.	改进	v.	gǎijìn	improve, improvement	乙

17.	系统	n., adj.	xìtǒng	system; methodical	乙
18.	逆时针		nìshízhēn	anticlockwise, counterclockwise	
19.	重心	n.	zhòngxīn	barycenter, center of mass	丁
20.	平衡	v., adj.	pínghéng	balance, equilibrium	丙

口语部分

1.	地砖	n.	dìzhuān	floor brick	
2.	周到	adj.	zhōudào	thoughtful, considerate	乙
3.	轮椅	n.	lúnyǐ	wheelchair	
4.	智力	n.	zhìlì	intelligence, intellect, brains, mind	丁
5.	专长	n.	zhuāncháng	specialty, special skill	
6.	开创	v.	kāichuàng	start, initiate, found	
7.	按摩	v.	ànmó	massage	
8.	设施	n.	shèshī	installation, facilities	丁

▶ 专名

1.	安徽	Ānhuī	Anhui (province)
2.	俄罗斯	Éluósī	Russia
3.	中秋节	Zhōngqiū Jié	Mid-Autumn Festival
4.	霍金	Huòjīn	name of a person

本课新字

芭 蕾 盲 梨 秀 逆 衡 砖 智
俄 斯 霍

听力

一 听下面的句子并选择正确答案

1. A. 慢慢好起来了　　　　B. 以前好，现在不好
   C. 以前和现在都很好　　D. 现在跟以前一样不好
2. A. 演出时间　　B. 演出地点　　C. 票价　　D. 演出者
3. A. 高兴　　　　B. 激动　　　　C. 难过　　D. 犹豫
4. A. 不贵，但是不环保　　B. 不贵，质量又好
   C. 质量好，但太贵　　　D. 质量好，值得买
5. A. 过中秋节　　　　　　B. 准备节日礼物
   C. 给孩子起名　　　　　D. 给孩子过生日
6. A. 佩服　　　　B. 批评　　　　C. 商量　　D. 担心
7. A. 非常好　　　B. 一般　　　　C. 比较差　　D. 非常失败
8. A. 很高兴　　　B. 很吃惊　　　C. 很紧张　　D. 很麻烦
9. A. 正在控制这种浪费现象　　B. 应该对这种浪费现象进行控制
   C. 应该解决现在缺水的问题　　D. 应该解决将来缺水的问题
10. A. 由两个单位一起组织的　　B. 参加比赛的是老年人
    C. 是一次唱歌比赛　　　　　D. 取得了成功

二 听下面的对话并选择正确答案

1. A. 问女的在哪儿可以买新电脑
   B. 他喜欢这台电脑，所以不想换
   C. 这台电脑修修还可以用，不用换
   D. 这台电脑很破，的确该换了

2. A. 女的帮了男的　　　　　　B. 女的让男的把嘴张开
   C. 男的在想怎么感谢女的　　D. 男的愿意接受女的帮助

3. A. 马路上　　B. 警察局　　C. 医院　　D. 商店

4. A. 耳朵聋了　B. 在说话　　C. 没听见　D. 生女的气

5. A. 不去心理诊所　　　　B. 城市生活节奏太快
   C. 现代人压力太大　　　D. 没有合适的方法缓解压力

6. A. 女的不想让文文学艺术　　B. 女的觉得学艺术找不到工作
   C. 男的很了解文文的脾气　　D. 文文可能不学艺术了

7. A. 喜欢中国市场　　　　B. 中国市场很有发展前途
   C. 中国市场很大　　　　D. 观察一下中国市场

8. A. 朋友　　　B. 亲人　　　C. 邻居　　D. 同事

9. A. 男的　　　　　　　　B. 男的妻子
   C. 男的和他妻子　　　　D. 女的

10. A. 女的可能是护士　　　　B. 3号床病人原来病得很重
    C. 这里不是普通病房　　　D. 3号床病人已经出院了

三 听短文做练习

1. 根据录音内容，选择正确答案

   (1) A. 营养品　　B. 书　　　C. 丝绸　　　　D. 药品
   (2) A. 水果　　　B. 点心　　C. 图书　　　　D. 鲜花
   (3) A. 水果　　　B. 玩具　　C. 中国画儿　　D. 鲜花
   (4) A. 茶叶　　　B. 钟　　　C. 点心　　　　D. 手机

2. 根据录音内容，选择正确答案

(1) A. 出生时　　B. 上小学时　　C. 上中学时　　D. 上大学时

(2) A. 学生只能在美国学习　　B. 教盲人英文
　　C. 学费很便宜　　D. 李言去那儿教英文

(3) A. 自费去日本留学　　B. 美国的大学给了他奖学金
　　C. 是第一个获得奖学金的残疾人　　D. 今年博士毕业了

(4) A. 继续学习　　B. 推出新的治疗方法
　　C. 改进盲文系统　　D. 帮助更多的盲人

3. 根据录音内容，判断正误

(1) 正式的比赛中，100米以上的项目，运动员要向左转弯。（　　）
(2) 人类跑、跳等动作都由右脚开始。（　　）
(3) 人类的右脚起支持作用，左脚起运动作用。（　　）
(4) 眼睛闭起来的时候，人们会不知不觉往左走。（　　）
(5) 沿逆时针方向跑步可能更容易保持平衡。（　　）

口语

一 课文

（安德和王明走在人行道上）

安德：为什么中间的地砖跟旁边的不一样啊？

王明：这是盲道，专门为盲人设计的。黄色是请正常人注意把路让出来，上面的长条是为了方便盲人走路。

安德：哦，原来是这样。我发现现在的社会为残疾人考虑得越来越周到了。

王明：是吗？我倒没怎么注意，你说说看。

安德：比如，很多洗手间里有专门为坐轮椅的人设计的地方，一些电视节目也增加了手语主持人。

王明：你观察得挺仔细的嘛。残疾人确实需要社会更多的关心和尊重。一些看起来很轻松的事情，对于残疾人来说可能非常困难，这是一个正常人很难想象的。

安德：不过话说回来，像盲人、聋哑人他们其实只是身体残疾，心理和智力都是正常的。只要给他们合适的机会，他们做得并不比正常人差，甚至还要好。

王明：是啊，目前世界上最伟大的物理学家霍金就是一个残疾人，他坐在轮椅上，全身就只有一个手指头能动，可是他的研究是目前世界上最高水平的。

安德：很多残疾人还利用自己的专长开创了自己的事业。比如，盲人手上的感觉非常准，他们开的按摩店一般都很受欢迎。

王明：所以说，社会应该给他们的不仅仅是方便的设施，更应该是公平的工作机会。

二 练习

(一) 根据课文内容回答问题

1. "盲道"是什么样子的?为什么要设计成那样?
2. 现在,为什么一些电视节目增加了手语主持人?
3. 霍金是一个什么样的人?
4. 为什么盲人按摩店很受欢迎?
5. 社会应该为残疾人做些什么?

(二) 用所给的词语或结构各说一句话

1. 瞧你说的
2. 理
3. 周到
4. 平衡
5. 话说回来

(三) 根据下面的要求,进行口语练习

1. 你认为社会应该为残疾人做些什么?
2. 谈一谈残疾人可以在哪些方面开创自己的事业?

(四) 读课文,学俗语

yǎba chī huánglián——yǒu kǔ shuōbuchū
哑巴吃 黄连 —— 有 苦 说不出

To be unable to express one's discomfort, like a dumb person tasting bitter herbs.

第六十四课 任何事情都有正反两面

生词

听力部分

1. 厂家	n.	chǎngjiā	factory	丁
2. 课外	n.	kèwài	after class, extracurricular	
3. 读物	n.	dúwù	reading matter, reading	丙
4. 散	v.	sàn	come loose, break up, dismiss	丙
5. 花匠	n.	huājiàng	gardener, florist	
6. 老鼠	n.	lǎoshǔ	mouse, rat	丁
7. 拖	v.	tuō	drag, haul; delay, postpone	乙
8. 风筝	n.	fēngzheng	kite	
9. 军事	n.	jūnshì	military affairs, military	乙
10. 传播	v.	chuánbō	spread, radiate, transmit	乙
11. 闪电	n.	shǎndiàn	lightning	丙
12. 乌龟	n.	wūguī	tortoise, turtle	
13. 兔子	n.	tùzi	hare, rabbit, coney	乙
14. 胡子	n.	húzi	beard, moustache	乙
15. 灵感	n.	línggǎn	inspiration	
16. 废品	n.	fèipǐn	waste product, waster	丁
17. 回收	v.	huíshōu	recycle, callback, reclaim	丁

第六十四课　任何事情都有正反两面

口语部分

1. 跑步机	n.	pǎobùjī	treatmill machine, running machine	
2. 车祸	n.	chēhuò	traffic accident	
3. 核	n.	hé	nucleus, nuclear	丙
4. 发电	v.o.	fā diàn	generate electricity or power	丙
5. 完美	adj.	wánměi	perfect, flawless	
6. 缺陷	n.	quēxiàn	downside, defect, flaw	丁

▶ 专名

1. 墨子	Mòzǐ	Mo-tse
2. 马可·波罗	Mǎkě Bōluó	Marco Polo
3. 富兰克林	Fùlákèlín	Franklin
4. 爱迪生	Àidíshēng	Edison

本课新字

鼠　拖　筝　闪　乌　龟　兔　废　祸
核　陷

61

听 力

一 听下面的句子并选择正确答案

1. A. 小号　　　B. 中号　　　C. 大号　　　D. 都要
2. A. 可能是公司的经理　　B. 工作压力很大
   C. 工作不顺利　　　　　D. 现在很失望
3. A. 现在很流行　　　　　B. 对象是所有孩子
   C. 是孩子们上课用的　　D. 训练小学生的动手动脑能力
4. A. 时间还太早　　　　　B. 现在已经很晚了
   C. 他们现在开始开会　　D. 会议现在结束
5. A. 最近太辛苦了　　　　B. 假期太短了
   C. 要好好玩儿　　　　　D. 该说些什么
6. A. 是卖花的　　　　　　B. 看到花就累了
   C. 看到卖花的就想买　　D. 想跟卖花的一起走
7. A. 每天　　　B. 每两天　　C. 每三天　　D. 每五天
8. A. 他总是不想吃午饭　　　B. 他从早到晚在房间里待着
   C. 大家都在猜他想要做什么　D. 说话人不知道他想要做什么
9. A. 第一个　　B. 第二个　　C. 中间　　　D. 最后一个
10. A. 你完全不会游泳　　　B. 你可以一个人游泳
    C. 你必须跟别人一起游泳　D. 你可以找别人陪你游泳

二 听下面的对话并选择正确答案

1. A. 这件事很难做　　　　B. 书上说得很容易
   C. 你为什么不相信我　　D. 你是不是想试一试
2. A. 花匠　　　B. 理发师　　C. 工程师　　D. 修理工
3. A. 受伤了　　　　　　　B. 看到男的了
   C. 看到一只老鼠　　　　D. 嗓子不好

4. A. 现在天气很热　　　　　　B. 女的喜欢穿长袖衣服
   C. 男的刚从海南回来　　　　D. 女的有皮肤病
5. A. 刚刚换了工作　　　　　　B. 刚刚退休
   C. 不喜欢说话　　　　　　　D. 比以前精神多了
6. A. 餐厅服务员　B. 查号台小姐　C. 医院护士　D. 银行职员
7. A. 谈恋爱谈了很长时间　　　B. 还没有结婚
   C. 觉得感情比结婚更重要　　D. 和男朋友已经没有感情了
8. A. 女的要给男的打九五折　　B. 有金卡的话可以打五折
   C. 男的现在没有金卡　　　　D. 男的不打算办金卡
9. A. 女的在安慰男的　　　　　B. 男的做生意赔了钱
   C. 男的看见他的朋友了　　　D. 男的可能被朋友骗了
10. A. 还没想清楚　　　　　　　B. 女儿太小，不能去
    C. 觉得家人肯定不同意　　　D. 家人会支持他

三 听短文做练习

1. 根据录音内容，选择正确答案

   （1）A. 木头、竹子、纸　　　B. 竹子、木头、纸
       C. 纸、木头、竹子　　　　D. 竹子、纸、木头
   （2）A. 花了三年才做出来　　　B. 在墨子设计的基础上做的
       C. 主要材料是竹子　　　　D. 在天上飞了三天
   （3）A. 测试风的方向　　　　　B. 给远处的人传消息
       C. 纪念去世的亲人和朋友　D. 证明电的存在
   （4）A. 2500年前　　B. 10世纪　　C. 13世纪　　D. 20世纪

2. 根据短文内容判断正误

   （1）世界上最长寿的动物是乌龟。（　）
   （2）"懒得爬楼"的意思是懒人都不喜欢爬楼。（　）
   （3）说话人认为懒比勤快好。（　）

（4）发明家都是一些懒人。　　　　　　　　　　　　（　）

（5）电灯的发明是经过了无数次的实验以后才成功的。（　）

3. 根据录音内容，选择正确答案

（1）A. 废品回收公司　　　　　B. 报社
　　 C. 礼品店　　　　　　　　D. 报刊亭

（2）A. 20多岁　　B. 30多岁　　C. 40多岁　　D. 50多岁

（3）A. 衣服　　　B. 鞋子　　　C. 包　　　　D. 旧报纸

（4）A. 礼品店的老板不愿意跟他合作
　　 B. 开始的时候，他的生意不太红火
　　 C. 他一边工作，一边开生日报纸礼品店
　　 D. 他凭着旧报纸取得了成功

口语

一 课文

（小王和安德在聊天）

安德：王明，快来试一试我新买的跑步机。这样我每天在宿舍就可以锻炼身体啦。

小王：好是挺好的，不过你为什么不去操场跑步呢？那儿的空气不是更新鲜吗？

安德：有时候下课以后很累，就不想出去了；想出去的时候又太晚了。有了跑步机，我随时都可以跑啊。

小王：可是你不觉得跑步机让你失去了跑步的乐趣吗？有时候我就想，科技的发展、越来越多的发明，给人们带来的是好处呢还是坏处呢？

安德：当然是好处了！比如，有了电视机，我不出家门就可以知道全世界的大事。

小王：可是常常坐在电视机前，人就会慢慢变得懒得思考、懒得运动。

安德：那再比如，汽车、飞机，以前需要几天甚至几个月时间的路，坐汽车或飞机几个小时就到了，节省了多少时间啊。

小王：据统计，在各种非自然死亡中，车祸死亡排在第一位。而且汽车尾气给环境造成了非常大的污染。

安德：你说的这些我都知道。不过事情都是有正反两面的。比如核技术，用得不好，就成了杀人的工具；用得好了，可以发电，给人们带来巨大的好处。

小王：你说得对。虽然我们现在的科技很发达，但并不是完美的。有时，它的缺陷会带来很多问题。

安德：不过，从另一个角度来说，正是这些缺陷，才促进了技术的不断改进和科学的不断发展。

小王：所以说，怎样正确利用科技成果才是最关键的。

二 练习

(一) 根据课文内容回答问题

1. 安德为什么买跑步机?
2. 小王觉得跑步机怎么样?
3. 电视有哪些好处? 哪些坏处?
4. 汽车、飞机有哪些好处? 哪些坏处?
5. 应该怎么正确看待科技发展?

(二) 用所给的词语或结构各说一句话

1. 碰运气
2. 走不动
3. 除非……否则……
4. 想开
5. 懒得
6. 据统计
7. 促进
8. 正反两面

(三) 根据下面的要求,进行口语练习

1. 你认为科技发展给人类带来的是好处多还是坏处多?
2. 你觉得应该如何解决科技发展带来的问题?

(四) 读课文,学俗语

Lǔ Bān ménqián shuǎ fǔtóu, Guāngōng miànqián shuǎ dàdāo.
鲁班 门前 耍 斧头, 关公 面前 耍 大刀。

To show off one's proficiency with the axe before Lu Ban, the master carpenter, and to show off one's proficency with the broadsword before Guan Gong, the experienced warrior.

第六十五课　复习（十三）

生　词

听力部分

1. 家长	n.	jiāzhǎng	parents, genearch, paterfamilias	丁
2. 钢	n.	gāng	steel	乙
3. 本科	n.	běnkē	bachelor, undergraduate course	
4. 口红	n.	kǒuhóng	lipstick, rouge	
5. 培训	v.	péixùn	train, give training	丁
6. 熬	v.	áo	stay up(all night), cook in water	丙
熬夜	v.o.	áo yè	stay up late or all night	
7. 出院	v.o.	chū yuàn	leave hospital, be discharged from hospital	乙
8. 证书	n.	zhèngshū	certificate	丙
9. 干扰	v.	gānrǎo	disturb, interfere	丙
10. 奖励	v., n.	jiǎnglì	reward, premium	丙
11. 欺负	v.	qīfu	tease, rag	丙
12. 正义	n.	zhèngyì	just, right, justice, righteousness	丙
13. 自尊	n.	zìzūn	self-respect, self-pride	
14. 自信	v.	zìxìn	be sure of oneself, self-confidence	丙

67

15. 打架	v.o.	dǎ jià	come to blows, fight, punch-up	丙
16. 事件	n.	shìjiàn	event, incident, happenings	乙
17. 腹部	n.	fùbù	abdomen, belly	
18. 吉利	adj.	jílì	lucky, propitious, auspicious	
19. 磕头	v.o.	kē tóu	knock one's head on ground	

口语部分

1. 代沟	n.	dàigōu	generation gap	
2. 耳环	n.	ěrhuán	earring, earbob	
3. 次要	adj.	cìyào	secondary, subsidiary	丙
4. 成长	v.	chéngzhǎng	grow up, pullulate	乙
5. 事物	n.	shìwù	thing, all objects and phenomenon	乙
6. 沟通	v.	gōutōng	link up, communicate	丁
7. 着想	v.	zhuóxiǎng	consider for sb. or sth.	丁

▶ 专名

陶行知	Táo Xíngzhī	name of a person

本课新字

熬　欺　腹　吉　磕　沟

第六十五课 复习（十三）

听力

一 听下面的句子并选择正确答案

1. A. 他已经吃了一只鸡　　B. 他想吃牛肉
   C. 他现在很饿　　　　　D. 他吃得很多
2. A. 他今天早上有课　　　B. 他今天早上起晚了
   C. 老师没发现他迟到　　D. 后门锁上了
3. A. 考试的时候他很紧张　B. 考试时间还剩下二十五分钟
   C. 结束时他还有一篇作文没做　D. 他把所有试题都做完了
4. A. 不能给你这把钥匙　　B. 你不要把钥匙弄丢了
   C. 钥匙是怎么丢的　　　D. 你现在有麻烦了
5. A. 张明今天告诉他了　　B. 张明以后会告诉他
   C. 别人今天告诉他了　　D. 别人以后会告诉他
6. A. 他星期六一天都在办公室里　B. 他帮助别人把事情做完了
   C. 家长会在下午开　　　D. 他的儿子下午要开会
7. A. 说话人可能在医院　B. 说话人是医生
   C. 他们可能挂专家号　D. 专家号比普通号贵一点儿
8. A. 你的损失很大　　　B. 你不应该不吃饭
   C. 你要吃多少饭　　　D. 你应该高兴一点
9. A. 博士很容易　　　　B. 博士很困难
   C. 本科生较容易　　　D. 本科生非常困难
10. A. 说话要注意方法
    B. 第一种说法是站在商家的角度
    C. 第二种说法是站在顾客的角度
    D. 不同的说法给听话人的感觉是一样的

二 听下面的对话并选择正确答案

1. A. 同意　　　　　B. 反对　　　　C. 拒绝　　　　D. 犹豫
2. A. 很多，差不多有八十个　　　B. 很多，差不多有一百个
   C. 很少，只有差不多八十个　　D. 很少，最多有一百个左右
3. A. 儿子最近刚辞职　　　　　　B. 儿子还没有找到新工作
   C. 女的很为儿子着急　　　　　D. 男的给女的很大压力
4. A. 女的打了很多电话　　　　　B. 女的有心脏病
   C. 男的出事儿了　　　　　　　D. 男的现在在开车
5. A. 脑子比较笨　　　　　　　　B. 眼睛不太好
   C. 知道所有人的电话号码　　　D. 记性非常好
6. A. 我的确没喝酒　　　　　　　B. 我敬领导酒了
   C. 我只好把酒喝了　　　　　　D. 我真的不会喝酒
7. A. 不想参加公司培训　　　　　B. 已经工作三年多了
   C. 现在是经理　　　　　　　　D. 不能参加培训
8. A. 病好多了　　　　　　　　　B. 已经出院了
   C. 生活一直很有规律　　　　　D. 最近常常熬夜
9. A. 学习已经结束了　　　　　　B. 是本科学生
   C. 有毕业证书　　　　　　　　D. 能拿到学习证明
10. A. 那家药厂有很长的历史　　　B. 那家药厂的药都有问题
    C. 那些生意人不该这样做　　　D. 那些生意人在开玩笑

三 听短文做练习

1. 根据录音内容，选择正确答案

（1）A. 开始时很好，后来有一些矛盾
　　　B. 开始时有一些矛盾，后来越来越好
　　　C. 一直很好
　　　D. 一直不愉快

(2) A. 睡觉时间、吃饭习惯、工作态度
　　B. 睡觉时间、吃饭习惯、生活态度
　　C. 吃饭时间、睡觉习惯、生活态度
　　D. 吃饭时间、睡觉习惯、工作态度

(3) A. 一分钟　　B. 十分钟　　C. 半天　　D. 一天

(4) A. 很不高兴　　　　　　　B. 马上同意了
　　C. 什么都没说　　　　　　D. 非常难过

(5) A. 仍然跟父母一起住　　　B. 跟朋友一起住
　　C. 自己单独住　　　　　　D. 有时自己住,有时跟父母住

2. 根据录音内容,判断正误

(1) 陶行知阻止了两个学生打架。　　　　　　　　(　　)
(2) 被打的男生在办公室等陶行知。　　　　　　　(　　)
(3) 陶行知给那个男生第二块糖是因为他很听话。　(　　)
(4) 第三块糖是因为他打对了人。　　　　　　　　(　　)
(5) 第四块糖是因为谈话结束了。　　　　　　　　(　　)
(6) 陶行知没有批评学生却收到了教育学生的效果。(　　)

3. 根据录音内容,回答问题

(1)"指腹为婚"是什么意思?

(2) 选日子的时候有什么讲究?

(3) 改口费在什么时候给新郎新娘?

(4) 婚礼什么时候算是真正结束?

口　语

一　课文

（李明爱和张文在聊天）

李明爱：我最近听过一句话，"三岁一个代沟"，是什么意思呢？

张　文：代沟指的是两代人在各个方面思想观念不同。以前人们说二十年是一代，后来又说十年是一代，但是现在社会发展很快，差不多相隔三岁思想观念就不同了。

李明爱：哦，我明白了。的确是这样的，我弟弟只比我小五岁，我就挺难理解他的。

张　文：哦？你说说看？

李明爱：他一个男孩子，居然戴耳环。他还常常说，工作是次要的，享受生活才是最重要的。这哪儿像是一个男孩子说的话？一点儿事业心也没有。

张　文：看来你跟你弟弟之间已经有代沟了。连姐弟之间都有代沟，更别说父母和孩子了。

李明爱：其实我也可以理解，我们的成长环境不同，接受的观念和事物也不同，想法不同很自然。

张　文：是的，代沟是无法避免的，但只要相互理解、相互尊重，也没什么大不了的。

李明爱：及时沟通也是很重要的。有了矛盾不说出来，时间长了，问题更大。

张　文：另外还可以试着从对方的角度考虑问题，多替对方着想。

李明爱：听你这么一说，我也不觉得弟弟的耳环有多难看了。

张　文：当然了，"墙推倒了就是桥"嘛！

二　注释

（一）你说说看　What's your opinion?

"看"有商量的语气，用在重叠动词之后。如：

The word 看 indicates the tone of consultation, which is used after the geminated verbs, for example:

你想想看，他的话也挺有道理的。

你猜猜看，我今天碰到谁了？

（二）墙推倒了就是桥

A wall of obstacle can be changed into a bridge of communication

这句话是比喻代沟就像隔在两代人之间的一堵墙一样，但只要去沟通，就可以变成互相理解的桥梁和媒介。

It is a metaphor, which means that the generation gap is like a wall between two generations. However, by the means of communication, it can be changed into a bridge and medium of mutural understanding.

三 练习

(一) 根据课文内容回答问题

1. "三岁一个代沟"是什么意思？
2. 李明爱的弟弟是个什么样的男孩子？
3. 为什么李明爱和弟弟之间会有代沟？
4. 怎样才能消除代沟？

(二) 用所给的词语或结构各说一句话或一组对话

1. 就算……也……
2. adj.+不了多少
3. 多少+V.
4. 差点儿
5. 少说
6. 拿……开玩笑
7. 没什么大不了的

(三) 根据下面的要求，进行口语练习

1. 你和父母兄弟姐妹有代沟吗？在哪些方面有代沟？你觉得代沟是怎么产生的？
2. 说一说应该用什么办法解决你和家人之间的代沟。

(四) 读课文，学俗语

Jiǔhàn féng gānlín, tāxiāng yù gùzhī.
久旱 逢 甘霖，他乡 遇 故知。

Dòngfáng huāzhú yè, jīnbǎng tí míng shí.
洞房　花烛　夜，金榜题名　时。

Having a sweet shower after a long drought,
Coming across an old friend in a distant land.
Spending in the wedding room a happy night,
Enjoying the success of a government examination.

第六十六课　面试很重要

生词

听力部分

1.	类	n., m.(n.)	lèi	kind, type	乙
2.	服装	n.	fúzhuāng	dress, clothes, clothing	丁
3.	骨头	n.	gǔtou	bone	乙
4.	举办	v.	jǔbàn	conduct, hold	丙
5.	现实	n.	xiànshí	reality, actuality	乙
6.	招	v.	zhāo	enlist, enroll	丙
7.	学历	n.	xuélì	record of formal schooling	丁
8.	突击	v.	tūjī	onrush	乙
9.	笔试	n.	bǐshì	written examination	丙
10.	口试	n.	kǒushì	oral examination, oral test	丙
11.	补习	v.	bǔxí	take lessons after school or work	乙
12.	哟	intj.	yo	expressing slight surprise	丙
13.	发挥	v.	fāhuī	bring into play	乙
14.	特长	n.	tècháng	strong point	
15.	地下	n.	dìxià	underground, subterranean	乙
16.	通道	n.	tōngdào	thoroughfare, passageway	丁

第六十六课　面试很重要

17.	惊喜	adj.	jīngxǐ	pleasantly surprised	
18.	坚定	adj.	jiāndìng	firm, staunch, steadfast	乙
19.	报到	v.	bàodào	report for duty, check in	乙
20.	诚实	adj.	chéngshí	honest	乙
21.	时代	n.	shídài	times, age, era	乙
22.	高考	n.	gāokǎo	college or university entrance examination	丁
23.	录取	v.	lùqǔ	enroll, recruit	丁
24.	重点	n.	zhòngdiǎn	main point, focal point	乙
25.	不幸	adj.	búxìng	unfortunate	乙
26.	铁饭碗	n.	tiěfànwǎn	iron rice bowl, secure job	丁
27.	密切	adj.	mìqiè	close, intimate	乙
28.	概括	v.	gàikuò	summarize, generalize	乙
29.	研究生	n.	yánjiūshēng	postgraduate (student)	丙

口语部分

1.	简历	n.	jiǎnlì	resume	
2.	关	n.	guān	pass, check point	丙
3.	事先	n.	shìxiān	in advance, beforehand	乙
4.	背景	n.	bèijǐng	backdrop, stage setting	丙
5.	真诚	adj.	zhēnchéng	genuine	丁
6.	整洁	adj.	zhěngjié	clean and tidy	丁
7.	良好	adj.	liánghǎo	good, well	乙
8.	状态	n.	zhuàngtài	state, condition	乙
9.	出色	adj.	chūsè	remarkable, outstanding	丁

▶ 专名

1. 戛纳国际电影节　Gānà Guójì Diànyǐngjié　　Cannes International Film Festival
2. 日语　　　　　　Rìyǔ　　　　　　　　　　Japanese (language)
3. 俄语　　　　　　Éyǔ　　　　　　　　　　 Russian language
4. 德语　　　　　　Déwén　　　　　　　　　 German language

本课新字

击　哟　挥　洁

听力

一　听下面的句子并选择正确答案

1. A. 皮鞋　　　　B. 裙子　　　　C. 帽子　　　　D. 运动裤
2. A. 问多少就回答多少　　　　　B. 要马上回答出来
   C. 问什么回答什么　　　　　　D. 能回答的就回答
3. A. 做事很仔细　　　　　　　　B. 喜欢挑毛病
   C. 喜欢吃鸡蛋　　　　　　　　D. 常常找人做事
4. A. 生气　　　　B. 高兴　　　　C. 担心　　　　D. 不在乎
5. A. 赶快往前爬　　　　　　　　B. 小心不要再摔倒
   C. 克服困难继续前进　　　　　D. 避免再遇到挫折
6. A. 正在举办法国电影节　　　　B. 电影节放了有关"中国风"的电影
   C. 电影节期间常常刮风　　　　D. 不少中国电影参加了电影节

第六十六课　面试很重要

7. A. 下棋　　　B. 看书　　　C. 游泳　　　D. 打球
8. A. 没办法和别人说话　　　B. 喜欢用左耳听别人说话
   C. 不把别人的话放在心上　　　D. 做事容易反复
9. A. 现在身体不舒服　　　B. 是大学三年级的学生
   C. 现实和他想的差不多　　　D. 还没有找到工作
10. A. 小李过一会儿就来　　　B. 小李很怕开会
    C. 王丽参加会议接待　　　D. 我让王丽帮我的忙

二　听下面的对话并选择正确答案

1. A. 英语　　　B. 德语　　　C. 日语　　　D. 法语
2. A. 家里　　　B. 商店　　　C. 饭店　　　D. 办公室
3. A. 年龄　　　B. 性别　　　C. 学历　　　D. 收入
4. A. 赞扬　　　B. 怀疑　　　C. 批评　　　D. 鼓励
5. A. 昨天去两个地方面试了　　　B. 口试考得不太好
   C. 想问问谁知道面试结果　　　D. 笔试的问题不多
6. A. 去上补习班　　　B. 去学校补课
   C. 去电影院看电影　　　D. 和爸爸在家玩儿
7. A. 商店保安　　　B. 运动员　　　C. 警察　　　D. 售货员
8. A. 问路　　　B. 走地下通道　　　C. 了解规定　　　D. 过马路
9. A. 订报纸要去邮局　　　B. 男的不想订报纸了
   C. 女的不订报纸　　　D. 女的第二天要买报纸
10. A. 实际做不到　　B. 不理解　　C. 那里路不通　　D. 很反对

三　听短文做练习

1. 根据录音内容，选择正确答案

   （1）A. 去公园玩儿时　　　B. 救老板女儿时
       C. 大学毕业时　　　D. 来面试时

(2) A. 小林救过老板的女儿　　B. 老板认错人了
　　 C. 老板在做测试　　　　　D. 老板不让小林走
(3) A. 认识老板　　　　　　　 B. 诚实
　　 C. 有工作能力　　　　　　 D. 没有别人来面试

2. 根据录音内容，选择答案

(1) A. 10个人　　B. 27个人　　C. 29个人　　D. 70个人
(2) A. 去大城市工作　　　　　B. 留在大学当老师
　　 C. 回自己的家乡　　　　　D. 去好单位工作
(3) A. 所有的学生国家都不包分配了
　　 B. 学生只能被用人单位挑选
　　 C. 工作单位对毕业生的要求和以前一样
　　 D. 政策的变化对毕业生既有利也不利

3. 根据录音内容，判断正误

(1) 2007年大学毕业生达五百万左右　　　　　　（　　）
(2) 有50%的企业招不到需要的人　　　　　　　（　　）
(3) 很多企业不想要大学生是因为企业没有钱　　（　　）
(4) 本文指出了大学毕业生就业难的三个原因　　（　　）
(5) 决定考研究生的大学毕业生不太多　　　　　（　　）
(6) 大多数毕业生开始改变就业想法了　　　　　（　　）

第六十六课　面试很重要

口语

一　课文

（张文和王明在谈论毕业后找工作的事情）

张文：王明，还有一年就要毕业了，现在大学毕业生就业越来越难，咱们该怎么办呢？

王明：是啊，我也在为毕业后找工作的事情头疼呢。我看，咱们现在就得行动起来，把个人简历准备好，选择一些比较适合自己的企业，寄出去，碰碰运气。

张文：对，我要准备一份跟大家不一样的简历，让人一看就留下深刻的印象。如果能收到面试通知，就表示已经成功了百分之五十了。

王明：嗯，面试很重要，是有决定意义的一关。我听已经工作的朋友说，有不少成绩不错的毕业生顺利通过了笔试，但因为没通过面试而失去了在大公司工作的机会。

张文：面试有什么难的？不就是把自己打扮整齐一点，回答一些问题，说说对方公司的好话嘛。

王明：你想错了，我已经在网上查了很多有关面试的资料，有句话说得好："不做准备不面试。"这个准备不仅仅是指穿什么衣服。

张文：那你说说都要做哪些准备呢？

王明：事先要了解一些招聘企业的背景，仔细考虑一下面试者会问自己哪些问题，自己又想了解一些什么问题。在面试时表现出真实的自己，态度真诚，着装干净整洁，注意自己的动作，这些都会给面试人员留下印象的。

张文：看来面试还有不少学问呢。我要好好学习学习。哎，我们刚毕业的学生各方面都没有经验，能竞争过别人吗？

王明：你看你，还没面试就没有自信了。经验是可以获得的嘛。只有你自信了，别人才能相信你，良好的精神状态会使你的表现更加出色的。所以，面试前一天，一定要睡个好觉。我们什么时候先来练习一次，怎么样？

张文：好啊，我来面试你，看你合不合格，哈哈！

二 注释

你看你 Just have a self-reflection

这句话是对对方感到不满意时说的。如：

This expression is spoken when one dissatisfies with the other. For example:

(1) 你看你，整天不好好学习，就知道玩儿。

(2) 你看你，马上要开会了，材料还没准备好。

三 练习

(一) 根据课文内容回答问题

1. 王明认为在毕业前应该做什么事?
2. 张文觉得面试难吗?为什么?
3. 怎样理解"不做准备不面试"这句话?
4. 张文担心什么?王明呢?
5. 他们俩打算做什么?

(二) 用所给的词语或结构式各说一句话

1. 按时
2. ……有什么难的?
3. ……还有不少学问呢
4. 出色
5. 以……为……
6. 事先
7. 相当

(三) 根据下面的要求,做口语练习

1. 请你谈谈你们国家大学毕业生的就业情况。
2. 参加就业面试前,你会在哪些方面做准备?

(四) 读课文,学俗语

zhēn jīn bú pà huǒ lái liàn
真 金 不 怕 火 来 炼

True gold fears no fire.

Meaning: Truth fears not the flames of slander and injustice.

第六十七课　远亲不如近邻

生词

听力部分

1.	班长	n.	bānzhǎng	class monitor, team leader	乙
2.	带头	v.o.	dài tóu	be the first, take the lead	丙
3.	榜样	n.	bǎngyàng	example, model	乙
4.	亲密	adj.	qīnmì	close, dear, intimate	丁
5.	居民	n.	jūmín	resident, inhabitant	丙
6.	职业	n.	zhíyè	occupation, profession	乙
7.	评	v.	píng	judge, appraise	丙
8.	兴高采烈		xìnggāo cǎiliè	in high spirits, excited	丙
9.	来得及		láidejí	be in time	乙
10.	黄昏	n.	huánghūn	dusk, gloaming	丙
11.	板	n.	bǎn	board, plank	乙
12.	轮子	n.	lúnzi	wheel	丙
13.	艰难	adj.	jiānnán	difficult, hard	丙
14.	买卖	n.	mǎimai	buying and selling	乙
15.	货	n.	huò	goods	乙
16.	巧克力	n.	qiǎokèlì	chocolate	

第六十七课　远亲不如近邻

17. 巢	n.	cháo	nest of a bird	
18. 进入	v.	jìnrù	enter, get into	乙
19. 阶段	n.	jiēduàn	stage, phase, period	乙
20. 被动	adj.	bèidòng	passive, passiveness	丙
21. 难以	adv.	nányǐ	hard to, difficult to	丙
22. 生理	n.	shēnglǐ	physiology	丙
23. 针对	v.	zhēnduì	be directed against	乙
24. 健身	v.o.	jiànshēn	keep fit, keep in good health	
25. 自我	pr.	zìwǒ	self, oneself; ego	乙
26. 调整	v.	tiáozhěng	adjust, regulate	乙

口语部分

1. 宽敞	adj.	kuānchang	spacious, roomy, commodious	丁
2. 定期	n.	dìngqī	fix a date	丙
3. 左邻右舍		zuǒ lín yòu shè	neigbour	
4. 认得	v.	rènde	know	乙
5. 必要	adj.	bìyào	necessary	乙

▶ **专名**

| 天津市 | | Tiānjīn Shì | Tianjin city |

本课新字

昏 巢 阶 敞

听力

一 听下面的句子并选择正确答案

1. A. 他去过一些饭店　　　　B. 所有的饭店他都去过
   C. 他一家饭店也没去过　　D. 他去过很多饭店

2. A. 顾客　　B. 司机　　C. 病人　　D. 医生

3. A. 公司　　B. 车站　　C. 汽车上　　D. 火车上

4. A. 不满　　B. 紧张　　C. 难过　　D. 高兴

5. A. 他害怕买房
   C. 他没有钱再买房子了　　B. 他有两套房子
   　　　　　　　　　　　　D. 他刚买了一套房子

6. A. 排队时站在第一个　　B. 他的个子最高
   C. 他要向同学们学习　　D. 他应该做得比别人好

7. A. 自己家　　B. 饭店　　C. 别人家　　D. 食堂

8. A. 我　　B. 波伟　　C. 丁荣　　D. 李明爱

9. A. 小李很紧张　　　　　　B. 来了很多小李不认识的人
   C. 小李以前没表演过　　　D. 小李今天要表演节目

10. A. 他和邻居的关系不好　　B. 他搬过一次家
    C. 他的邻居不来了　　　　D. 他想住好房子

二 听下面的对话并选择正确答案

1. A. 是个男的　　　B. 非常喜欢说话
   C. 人挺好的　　　D. 刚来这儿工作

2. A. 张伟是什么部门的经理　　B. 张伟有很大的本事
   C. 张伟去哪个国家工作　　　D. 张伟没什么了不起的
3. A. 他认为女的说得有道理　　B. 他一定要读研究生
   C. 他考过一次研究生　　　　D. 他现在已经工作了
4. A. 同事　　　B. 朋友　　　C. 夫妻　　　D. 营业员和顾客
5. A. 小马没有那么不认真　　　B. 别人和你不一样
   C. 我工作很认真　　　　　　D. 他们不像上班的样子
6. A. 车站　　　B. 朋友家　　　C. 商店　　　D. 博物馆
7. A. 男的不知道怎么回老家
   B. 他们家搬到他不认识的地方了
   C. 男的害怕一个人走路
   D. 家乡的变化很大
8. A. 女的等了很长时间　　　　B. 他们在等车
   C. 男的迟到了　　　　　　　D. 现在是下班时间
9. A. 小明平时英语成绩很好　　B. 对小明的考试成绩感到很吃惊
   C. 这次考试题目太多了　　　D. 你不要因小明的成绩而生气
10. A. 高兴　　　B. 后悔　　　C. 羡慕　　　D. 遗憾

三 听短文做练习

1. 根据录音内容，选择正确答案

（1）A. 没有关系　　　　　　　B. 可以向他借东西
　　 C. 只是住在隔壁　　　　　D. 像一家人一样

（2）A. 24%　　　B. 49%　　　C. 65%　　　D. 76%

（3）A. 唱歌比赛　　　　　　　B. 下棋
　　 C. 请别人吃饭　　　　　　D. 帮邻居做事

（4）A. 每次举办两个星期　　　B. 天津第一个办了邻居节
　　 C. 邻居节改变了邻居之间的关系　D. 现在很多城市都有邻居节

2. 根据录音内容，选择正确答案

(1) A. 因为我很喜欢她　　　　B. 因为我是卖鞋子的
　　C. 因为她想做生意　　　　D. 因为我对人很热心

(2) A. 早上就去卖东西了　　　B. 在车站附近卖鞋子
　　C. 开车去卖东西　　　　　D. 傍晚回家

(3) A. 每天赚一块钱　　　　　B. 一双鞋只卖几块钱
　　C. 每个月赚一千块　　　　D. 最多一个月赚一千多

(4) A. 做过会计工作　　　　　B. 现在已经辞职了
　　C. 已经结婚了　　　　　　D. 生活比邻居好

3. 根据录音内容，判断正误

(1) 空巢家庭指的是家里什么人也没有。　　　　　　　　(　　)
(2) 现在的"空巢老人"不仅仅指老人了。　　　　　　　(　　)
(3) 现在的空巢家庭很多不是被动形成的。　　　　　　　(　　)
(4) 只有少部分人难以适应孩子的离开。　　　　　　　　(　　)
(5) 专家对没有孩子在身边的中年人提出了三点建议。　　(　　)

口语

一　课文

（公司中午休息的时候，小王和小李在聊天）

小王：哎，你们家搬进新楼已经快一年了吧？感觉怎么样？

小李：新房子当然舒服了，又宽敞又明亮，只是离开了原

第六十七课　远亲不如近邻

　　　　来街道的那些老邻居，心里多少有点儿舍不得。

小王：你又不是出国了，可以不定期地回去看看他们嘛。那你现在和新邻居关系怎么样？

小李：我的父母倒是和左邻右舍都认识了，可我很长一段时间都不知道我的那些邻居们到底长得什么样子，他们也不认得我。有一次，楼里的邻居竟然问我："你是哪里来的？你找谁啊？"

小王：不会吧？俗话说"远亲不如近邻"嘛，搞好邻居关系是很有必要的，你这样下去可不行。

小李：别担心，前段时间，通过一条小狗我正式认识了我的邻居。

小王：哦，说来听听，怎么回事？

小李：你是知道的，我很喜欢小动物。那天一下班，快到我家楼梯口时，发现我家楼下邻居的门开着，一只小狗站在门口，冲着我叫，我觉着很可爱，就把它抱在怀里了。

小王：这时，小狗的主人出来了吧。

小李：说得没错，女主人看见我抱着她的狗，笑着对我说："我家的狗太调皮了。"我也笑着说："它很可爱，我很喜欢。"这以后，见了面我们都会友好地打个招呼。

小王：所以说，虽然现在生活节奏快了，人们不可能专门找时间进行交流，但有时候只要大家都向前跨一步，一句话，甚至一个动作就够了。

小李：是啊，这短短的两句话就让我们认识了，原来邻居之间的关系也是很简单的。

小王：对啊。其实要想搞好邻居关系并不难，见到了就面带微笑地点点头，慢慢熟悉了以后，见面时就可以互相问候几句了。

二 练习

（一）根据课文内容回答问题

1. 小李是什么时候搬家的？
2. 小李搬家后感觉怎么样？
3. 小李和新邻居互相认识吗？
4. 小李是怎么和邻居认识的？
5. 小王觉得怎样才能搞好邻居关系？

（二）用所给的词语或结构各说一句话

1. 恐怕
2. 不然
3. 无论如何
4. 人家
5. 多少有点儿……
6. 不会吧？

7. 这样下去……

8. 就……来说

(三) 根据下面的要求，进行口语练习

1. 你刚搬了新家，碰到邻居，你准备怎么做？

2. 你家和邻居的关系怎么样？你觉得怎样才能搞好邻居关系？

(四) 读课文，学俗语

Lù yáo zhī mǎlì, rì jiǔ jiàn rénxīn.
路遥 知 马力，日 久 见 人心。

Distance tests a horse's strength, so time reveals a person's heart.

第六十八课　我们已经很幸运了

生词

听力部分

1. 灿烂	adj.	cànlàn	brilliant, resplendent, splendid	丙
2. 召开	v.	zhàokāi	convene, hold, convoke	乙
3. 女子	n.	nǚzǐ	woman, female, womankind	丙
4. 演唱	v.	yǎnchàng	sing in a performance, extemportize	丁
5. 组	n., m.(n.)	zǔ	group, series, set	乙
6. 厂长	n.	chǎngzhǎng	factory director	丙
7. 产量	n.	chǎnliàng	output, yield, turnout	乙
8. 选	v.	xuǎn	select, choose	乙
9. 纪录	n.	jìlù	record	乙
10. 演	v.	yǎn	perform, play	乙
11. 金牌	n.	jīnpái	gold medal	丁
12. 感想	n.	gǎnxiǎng	impression	乙
13. 教练	n.	jiàoliàn	coach	丙
14. 硕士	n.	shuòshì	Master (of Arts), M.A.	

第六十八课　我们已经很幸运了

15. 学位	n.	xuéwèi	academic degree, degree	丙
16. 惊人	adj.	jīngrén	astonishing, amazing, alarming	丙
17. 字母	n.	zìmǔ	letters of an alphabet, letter	丙
18. 场地	n.	chǎngdì	field, place, space, site, lot	丙
19. 沟	n.	gōu	ditch, channel	丙
20. 气味	n.	qìwèi	smell, odor, flavor	丙
21. 设备	n.	shèbèi	equipment, facilities	乙
22. 先进	adj.	xiānjìn	advanced	乙
23. 乘	v.	chéng	ride	乙
24. 孙女	n.	sūnnü	granddaughter	丙
25. 销售	v.	xiāoshòu	sell, market	丁
26. 涉及	v.	shèjí	involve, relate to	丁
27. 障碍	n.	zhàng'ài	obstacle; obstruction	丙
28. 人士	n.	rénshì	personage	丙
29. 领取	v.	lǐngqǔ	draw, get, receive	
30. 申请	v., n.	shēnqǐng	apply for, make official requist; application (form, etc.)	丙

口语部分

1. 俗语	n.	súyǔ	common saying	
2. 私	n.	sī	private, personal	乙
私家车	n.	sījiāchē	private car	
3. 都市	n.	dūshì	big city	丁

4. 族	n.	zú	class or group of people with common features	丁
5. 法	n.	fǎ	method, way	丁
6. 即	v.	jí	be, namely	乙
7. 等于	v.	děngyú	equal to, be the same as	乙
8. 佳	adj.	jiā	good, fine	丙
9. 氧(气)	n.	yǎng (qì)	oxygen	丙
10. 职工	n.	zhígōng	staff and workers	乙

▶ 专名

1. 张译	Zhāng Yì	name of a person
2. 邓亚萍	Dèng Yàpíng	name of a person
3. 河南省	Hénán Shěng	Henan province
4. 郑州市	Zhèngzhōu Shì	the capital city of Henan province
5. 清华大学	Qīnghuá Dàxué	Qinghua University
6. 青岛	Qīngdǎo	Qingdao (city in Shandong province)
7. 中国银行	Zhōngguó Yínháng	Bank of China
8. 西单	Xīdān	a street in Beijing
9. 马拉松	Mǎlāsōng	marathon; tedious, long-winded.
10. 世界卫生组织	Shìjiè Wèishēng Zǔzhī	WHO

第六十八课　我们已经很幸运了

本课新字

灿 烂 召 硕 销 障 碍 申 佳
氧

听　力

一　听下面的句子并选择正确答案

1. A. 高兴　　　　　　B. 激动　　　　　　C. 吃惊　　　　　D. 羡慕
2. A. 2:55　　　　　　B. 3:00　　　　　　C. 3:04　　　　　D. 3:15
3. A. 书店　　　　　　B. 图书馆　　　　　C. 邮局　　　　　D. 银行
4. A. 你说的我都记住了　　　　　　　　B. 你说得快,我只记住了一个
   C. 你说的我没有都记住　　　　　　　D. 你说的我一个也没记住
5. A. 校长　　　　　　B. 老师　　　　　　C. 运动员　　　　D. 学生
6. A. 人数　　　　　　B. 年龄　　　　　　C. 成立的时间　　D. 是否受欢迎
7. A. 看朋友　　　　　B. 面试　　　　　　C. 约会　　　　　D. 开会
8. A. 我不去赶鸭子　　　　　　　　　　B. 鸭子在架子上
   C. 我想担任班长　　　　　　　　　　D. 我做不了班长
9. A. 足球　　　　　　B. 篮球　　　　　　C. 乒乓球　　　　D. 排球
10. A. 产品质量一直很好　　　　　　　　B. 现在工人们对厂长很满意
    C. 工人的工资没有变化　　　　　　　D. 他们进口国外的产品

二　听下面的对话并选择正确答案

1. A. 时间　　　　　　B. 号码　　　　　　C. 年龄　　　　　D. 成绩
2. A. 2002 年　　　　　B. 2003 年　　　　　C. 2004 年　　　　D. 2005 年

3. A. 女的和孩子的关系很好　　B. 女的很坚强
   C. 男的对女的不太满意　　　D. 女的天天住在公司
4. A. 体操　　　B. 游泳　　　C. 射击　　　D. 田径
5. A. 电影院　　B. 电视台　　C. 广播电台　　D. 学校
6. A. 女的不相信他们俩在谈恋爱　B. 男的年龄比小李小
   C. 他们不可以谈恋爱　　　　　D. 男的和小李关系很好
7. A. 北京有一百家博物馆　　　　B. 纪念活动在5月18日以前
   C. 女的比男的早知道　　　　　D. 5月18日参观博物馆不要票
8. A. 他很快要参加考试了　　　　B. 他学习和运动都不怎么样
   C. 他已经上大学了　　　　　　D. 他的妈妈对他很失望
9. A. 男的已经70多岁了　　　　　B. 男的儿子有车
   C. 男的腿有病　　　　　　　　D. 现在学开车的人不太多
10. A. 记者和运动员　　　　　　 B. 教练和运动员
    C. 老师和学生　　　　　　　 D. 哥哥和妹妹

三 听短文做练习

1. 根据录音内容，选择正确答案

   (1) A. 三次　　　　B. 四次　　　　C. 八次　　　　D. 十四次
   (2) A. 年龄太小　　B. 个子不高　　C. 成绩不太好　D. 没有信心
   (3) A. 开始一个英文字母也不会写　　B. 一年以后英文就很流利了
       C. 在英国读了四年大学　　　　　D. 研究生论文是用英文写的
   (4) A. 1997年她不当运动员了　　　　B. 他的父亲一直是她的教练
       C. 有时候她想不打乒乓球了　　　D. 1986年，她进入了国家队

2. 根据录音内容，选择正确答案

   (1) A. 下午四点　　B. 傍晚六点半　C. 晚上七点　　D. 晚上八点左右
   (2) A. 一条河　　　B. 脏水沟　　　C. 难看的东西　D. 垃圾

（3）A. 有人生气　　B. 有气味　　C. 受欢迎　　D. 有很多人呼吸
（4）A. 孩子们还是对玩电脑更有兴趣
　　　B. 有的孩子开始早起了
　　　C. 坐在一起打牌的老人少了
　　　D. 老年夫妻一起锻炼

3. 根据录音内容，判断正误

（1）北京奥运会第三阶段的门票2008年5月5日开始销售。（　　）
（2）这次门票包括男子足球决赛等共138场比赛。（　　）
（3）朱女士是5月5号一早来排队的。（　　）
（4）购买者交完钱马上可以拿到门票。（　　）
（4）在第三阶段，购买者每人每次只能买3张门票。（　　）
（5）在5月6日，篮球、排球比赛的票就卖完了。（　　）

口语

一　课文

（安德和王明在校园里散步）

安德：王明，你看，这两个老年人走得这么快，他们是不是有什么急事啊？

王明：不一定，他们可能在进行快步走锻炼呢。快步走锻炼的速度应该达到每分钟120步左右。

安德：哦，怪不得我常常傍晚时在学校里遇到他们呢。我听说中国有句俗话，叫"饭后百步走，活到九十九"。

王明：你知道的还不少呢！世界卫生组织也在1992年提出，世界上最好的运动是步行。

安德：可现在生活的节奏那么快，再加上公交车、出租车、私家车的增多，人们走路的时间越来越少了。

王明：所以有不少生活在城市里的人都出现了身体发胖、疲劳无力等"都市常见病"。为了改变这种状况，现在有很多人上下班都走路，出现了不少的"步行族"。现在流行一种"三五七步行法"，即每天要坚持步行30分钟，每星期要运动5次以上，运动后每分钟心跳加上自己的年龄等于170。

安德：有意思。人们对自己的健康越来越重视了，我有一个中国朋友就在自己家附近的体育馆办了张健身卡，一年要交三千多块钱呢。但他工作太忙了，一周最多去两次，多浪费啊！

王明：就是嘛，还不如步行呢。步行是最佳的有氧运动，而且既不用花钱，又容易坚持。其实，步行健身在有些国家早就流行了。美国平均每四个人中就有一人做步行运动，日本有些公司甚至奖励职工步行锻炼呢。

安德：听你这么一说，从明天起我也开始用"三五七步行法"进行锻炼，来中国后我动得太少了。

王明：步行锻炼时也有几点要注意：一定要穿软底的跑鞋和舒适的运动服，最好在空气新鲜的地方，锻炼之前，先活动活动手脚，做一些热身活动。

二 练习

（一）根据课文内容回答问题

1. 什么是快步走？
2. "饭后百步走，活到九十九"是什么意思？
3. 为什么出现了"步行族"？
4. 什么是"三五七步行法"？
5. 进行步行锻炼时要注意哪些问题？

（二）用所给的词语或结构各说一句话

1. 恰好
2. 前后
3. 怪不得
4. 就是嘛
5. 听你这么一说

（三）根据下面的要求，进行口语练习

1. 你认为步行对身体有哪些好处？

2. 你们国家的人一般采用什么方法来健身？

(四) 读课文，学俗语

Yàobǔ bù rú shíbǔ, shíbǔ bù rú duànliàn.
药补不如食补，食补不如锻炼。

Taking medicine is not as good as eating food,

While eating food is not as good as doing exercises.

第六十九课　你做过志愿者吗？

生　词

听力部分

1. 随	v.	suí	(take) with one(self)		乙
2. 奖金	n.	jiǎngjīn	bonus, prize		丙
3. 降落	v.	jiàngluò	land, descend, touch down		丁
4. 报	v.	bào	sign up		乙
5. 青年	n.	qīngnián	youth, young people		甲
6. 歌手	n.	gēshǒu	singer		丁
7. 合理	adj.	hélǐ	rational, reasonable		乙
8. 泼	v.	pō	sprinkle		丙
9. 例如	v.	lìrú	for example, for instance, such as		甲
10. 局长	n.	júzhǎng	director of the bureau		乙
11. 批准	v.	pīzhǔn	approve, ratify		乙
12. 山区	n.	shānqū	mountain area		乙
13. 广泛	adj.	guǎngfàn	extensive, wide range		乙
14. 广大	adj.	guǎngdà	vast, wide		乙
15. 街头	n.	jiētóu	street coner, street		丁
16. 巷	n.	xiàng	lane, alley, narrow street		丙

17.	忙碌	adj.	mánglù	be busy, bustle about	丁
18.	围绕	v.	wéirǎo	go round sth.	乙
19.	维护	v.	wéihù	safeguard, defend	乙
20.	秩序	n.	zhìxù	order, sequence	乙
21.	现场	n.	xiànchǎng	scene (of event or incident), locale, site, spot	丁
22.	公益	n.	gōngyì	public welfare or goods, commonweal	
23.	符合	v.	fúhé	accord with, tally with	乙
24.	岗位	n.	gǎngwèi	post, station	丙
25.	具备	v.	jùbèi	possess, have	乙
26.	技能	n.	jìnéng	technique ability	丙
27.	海外	n.	hǎiwài	overseas, abroad, transmarine	丁
28.	华人	n.	huárén	foreign citizens of Chinese descent	丙
29.	提供	v.	tígòng	provide, supply, furnish, offer (advice, data, conditions, etc.)	乙

口语部分

1.	协会	n.	xiéhuì	association, society, confraternity, consortium	丙
2.	光荣	adj.	guāngróng	honourable, honoured	乙
3.	领域	n.	lǐngyù	territory, domain	丙
4.	综合	v., adj.	zōnghé	synthesize	乙

第六十九课　你做过志愿者吗?

5. 玫瑰	n.	méigui	rose		丁
6. 香味	n.	xiāngwèi	sweet smell, fragrance, scent, perfume.		丁
7. 缺乏	v.	quēfá	be short of.		乙
8. 付出	v.	fùchū	pay, expend.		丁
9. 片面	adj.	piànmiàn	unilateral; one-sided.		乙
10. 芬芳	adj.	fēnfāng	fragrant, sweet-smelling.		丁
11. 总结	v., n.	zǒngjié	sum up; summary.		乙

▶ 专名

1. 意大利　　　　Yìdàlì　　　　Italy, Italian.
2. 叶丽　　　　　Yè Lì　　　　 name of a person
3. 北京奥组委　　Běijīng Àozǔwěi　　The Organization of Beijing Olympic Games

本课新字

泛　巷　碌　维　秩　岗　供　协　域
综　玫　瑰　乏　芬　芳

103

听力

一 听下面的句子并选择正确答案

1. A. 高兴 　　　B. 吃惊 　　　C. 气愤 　　　D. 羡慕
2. A. 听话了当爸爸了 　　　B. 爸爸带孩子出去了
   C. 孩子一个人在家 　　　D. 孩子出事了
3. A. 电视机 　　　B. 空调 　　　C. 电脑 　　　D. 电冰箱
4. A. 大家都能取得 　　　B. 大家都很难取得
   C. 我们不想取得 　　　D. 很少人能够取得
5. A. 公司职员 　　　B. 小学教师 　　　C. 大学生 　　　D. 硕士生
6. A. 汽车站 　　　B. 飞机场 　　　C. 火车站 　　　D. 海关
7. A. 你为什么生气 　　　B. 你和别人的关系不错
   C. 人与人应该互相尊重 　　　D. 别人会尊重你的
8. A. 一本书 　　　B. 一部电影 　　　C. 一支歌 　　　D. 一部电视剧
9. A. 性别 　　　B. 工作单位 　　　C. 交通工具 　　　D. 工作内容
10. A. 电影院里很暗 　　　B. 观众在悄悄说话
    C. 这部电影只有两个演员 　　　D. 大家在心里想谁演得好

二 听下面的对话并选择正确答案

1. A. 订一个计划 　　　B. 给家里寄钱
   C. 回家帮着盖房子 　　　D. 写信给弟弟
2. A. 女的和小王是同事 　　　B. 女的已经有孩子了
   C. 男的照顾孩子很辛苦 　　　D. 男的是足球运动员
3. A. 饭店服务员和顾客 　　　B. 护士和病人
   C. 售货员和顾客 　　　D. 空中小姐和乘客
4. A. 是谁告诉你的 　　　B. 别的国家也应该去看看
   C. 只有法国和意大利值得去 　　　D. 其他国家可以不去

第六十九课　你做过志愿者吗？

5. A. 怎样选择大学　　　　　　　　B. 孩子的学习情况
   C. 大学的学生人数　　　　　　　D. 大学毕业生的工作情况
6. A. 女的希望孩子学习朗诵　　　　B. 孩子不喜欢朗诵
   C. 男的对孩子不学朗诵很生气　　D. 学校的作业很多
7. A. 想知道不合理的地方　　　　　B. 认为比赛评分没有问题
   C. 问了三个问题都不知道　　　　D. 歌手应该有很高的文化水平
8. A. 看小王表演　　　　　　　　　B. 给小王喝冷水
   C. 鼓励别人　　　　　　　　　　D. 打击别人的积极性
9. A. 办公室　　　B. 教室　　　C. 运动场　　　D. 食堂
10. A. 儿童房不应该只有儿童家具　　B. 儿童房的设计要看孩子需要什么
    C. 婴儿房间的色彩只能用一种　　D. 设计时要想到孩子的安全问题

三　听短文做练习

1. 根据录音内容，选择正确答案

   （1）A. 有人找到了好工作　　　　B. 有人要当志愿者
   　　　C. 有人想继续学习　　　　　D. 有人决定去外国

   （2）A. 因为她想做英语老师　　　B. 因为西部学校的校长请她去工作
   　　　C. 因为她想支援西部教育　　D. 因为她没有找到工作

   （3）A. 开始不同意她的决定　　　B. 都在上海当局长
   　　　C. 一直不理解女儿　　　　　D. 拦在门口不让她走

   （4）A. 叶丽第一次去西部是暑假去的
   　　　B. 有很多大学毕业生做了青年志愿者
   　　　C. 志愿者不在西部城市工作
   　　　D. 叶丽他们是中国第二批青年志愿者

2. 根据录音内容，选择正确答案

   （1）A. 3月2日　　B. 3月3日　　C. 3月4日　　D. 3月5日

(2) A. 第九个中国青年志愿者服务日
    B. 心理健康与营养美食
    C. 身体健康与尊老助老
    D. 法律、卫生和交通
(3) A. 知识讲解　　B. 心理咨询　　C. 免费看病　　D. 修理电器
(4) A. 志愿者　　　B. 记者　　　　C. 市长　　　　D. 市民

3. 根据短文内容判断正误

(1) 北京奥运会有十万名左右志愿者。　　　　　　（　）
(2) 赛会志愿者必须是18岁的年轻人。　　　　　　（　）
(3) 赛会志愿者在全国各地都招了很多人。　　　　（　）
(4) 在奥运会期间，志愿者坐公共汽车也要买票。　（　）
(5) 很多优秀志愿者获得了纪念品。　　　　　　　（　）

口　语

一　课文

(李明爱和安德在聊天)

安　德：李明爱，现在在中国的报纸和电视上经常都能看到和听到"志愿者"这个词。

李明爱：是啊，志愿服务是每个文明社会不可缺少的一部分，听王明告诉我，1994年中国就成立了青年志愿者协会。安德，你做过志愿者吗？

第六十九课　你做过志愿者吗？

安　德：我没有做过，所以对志愿者了解得也不太多，但我一直认为做志愿者是一件非常光荣的事情。你呢？

李明爱：我在我们国家做过环境保护方面的志愿者。志愿服务发展到今天已经有一百多年的历史了，它最初只是和战争有关的一些救助活动，现在已经发展成为一种多领域的综合服务了。

安　德：看不出来你知道得还不少。我一直认为帮助别人是一件很快乐的事情。

李明爱：没错儿。志愿服务就是"送人玫瑰，手有余香"，这句话是我最近在报上看到的。

安　德：做志愿者和玫瑰、香味有什么关系呢？

李明爱：你听我说呀，志愿者是用自己的热情和爱心去主动帮助别人，在别人遇到困难的时候伸出友谊之手，就像送给别人一枝美丽的玫瑰花一样。

安　德：原来如此。那手上的香味又是怎么回事呢？

李明爱：你这个人就是缺乏想象力，那不是指真的香味。一般人都认为做志愿者只是为别人付出，自己什么也没有得到，其实这是片面的，比如我做环境志愿者，就增长了很多环境方面的知识，对自己也是一种提高，而且在辛苦付出的过程中也收获到很多快乐。

安　德：哦，这就是"余香"的意思，也就是说，志愿服务在帮助他人、服务社会、在为他人送去玫瑰的同时自己也收获到了芬芳。

李明爱：嗯，总结得不错。

二 练习

（一）根据课文内容回答问题

　　1. 安德为什么要和李明爱谈志愿者的事情？
　　2. 李明爱为什么会熟悉志愿服务？
　　3. 李明爱是怎样介绍志愿服务的？
　　4. 中国的志愿者是刚刚出现的吗？为什么？
　　5. 为什么说志愿服务是"送人玫瑰，手有余香"？

（二）用所给词语或结构各说一组两句对话

　　1. 居然
　　2. 不可缺少
　　3. 看不出来
　　4. 你听我说呀
　　5. 原来如此
　　6. 在……的同时

（三）根据下面的要求，进行口语练习

　　1. 你认为社会需要志愿者吗？为什么？
　　2. 你觉得怎样才能当好一名志愿者？

（四）读课文，学俗语

Yí ge líba sān ge zhuāng, yí ge hǎohàn sān ge bāng.
一个篱笆三个桩，一个好汉三个帮。

A fence is supported by three posts,

While a good man needs the help of three people.

第七十课 复习(十四)

生词

听力部分

1. 家属	n.	jiāshǔ	family members	丙
2. 信息	n.	xìnxī	information, message, Info.	丙
3. 频道	n.	píndào	(of radio or television) channel	
4. 网络	n.	wǎngluò	(computer, telecom, etc.) network	
5. 专用	v.	zhuānyòng	use for special purpose, exclusive use; proper, specialized	丁
6. 老是	adv.	lǎoshì	always	乙
7. 高中	n.	gāozhōng	high school	丙
8. 向往	v.	xiàngwǎng	yearn for, look forward to.	丁
9. 开设	v.	kāishè	open, offer	丙
10. 烦恼	adj.	fánnǎo	be worried, be vexed	丁
11. 增添	v.	zēngtiān	add, increase, augment	丁
12. 辉煌	adj.	huīhuáng	brilliant, splendid	丙
13. 反映	v.	fǎnyìng	reflect, mirror	乙
14. 抽象	adj.	chōuxiàng	abstract	乙

110

15. 脱离	v.	tuōlí	separate oneself from	乙
16. 构成	v., n.	gòuchéng	constitute, form	乙
17. 开办	v.	kāibàn	start, run	丙
18. 窗口	n.	chuāngkǒu	window, wicket	丙
19. 叫做	v.	jiàozuò	be called, be known as	乙
20. 需求	n.	xūqiú	requirement, demand	丁
21. 纽带	n.	niǔdài	link, tie, bond	

口语部分

1. 说法	n.	shuōfa	wording, way of saying a thing	丙
2. 吻	v., n.	wěn	kiss	丙
3. 大胆	adj.	dàdǎn	bold, daring, audacious, courageous, fearless	乙
4. 遇见	v.	yùjiàn	meet, run into	乙
5. 交谈	v.	jiāotán	talk with each other	丙
6. 成就	n.	chéngjiù	success, achievement	乙
7. 感	v.	gǎn	feel, sense	丁
8. 集体	n.	jítǐ	collective	乙

专名

1. 东海大学　　Dōnghǎi Dàxué　　Donghai University
2. 德国　　　　Déguó　　　　　　Germany
3. 孔子学院　　Kǒngzǐ Xuéyuàn　　Confucius Institute
4. 韩国　　　　Hánguó　　　　　Republic of Korea

本课新字

频　络　辉　映　构　纽　吻　胆

听力

一　听下面的句子并选择正确答案

1. A. 体育馆　　B. 银行　　C. 电视上　　D. 学校
2. A. 两门　　　B. 三门　　C. 四门　　　D. 五门
3. A. 开车时很难遇到别的车　　B. 在路上车很少出事
   C. 汽车不会发生碰撞　　　　D. 你生气也没有用
4. A. 医生和护士　　　　　　　B. 护士和家属
   C. 病人和医生　　　　　　　D. 家属和病人
5. A. 老师和同学对她的印象很好　B. 她的面试通过了
   C. 她不敢表现自己　　　　　　D. 她差点儿得到一个好工作
6. A. 汉语桥是一座桥的名字
   B. 2002年的比赛是第二届

112

C. 所有参加比赛的学生都能来中国

D. 世界各国青年通过比赛了解中国

7. A. 有两个人不能开口说话了　　B. 他们夫妻俩喜欢安静

　　C. 说话人很担心他们　　　　　D. 这种情况是才出现的

8. A. 喜欢　　　　B. 讨厌　　　　C. 怀疑　　　　D. 羡慕

9. A. 词典　　　　B. 电视机　　　C. 电脑　　　　D. 录音机

10. A. 这是在美国进行的调查

　　B. 有不少人将不看收费电视了

　　C. 人们想要更多地了解别的国家的事情

　　D. 现在可以看的电视节目太少了

二 听下面的对话并选择正确答案

1. A. 吃饭　　　　B. 上课　　　　C. 上网　　　　D. 看电视

2. A. 买房子　　　B. 坐地铁　　　C. 锻炼身体　　D. 生孩子

3. A. 1969年　　　B. 1989年　　　C. 1999年　　　D. 2009年

4. A. 这两个人的孩子生病了　　　B. 女的给了男的一些钱

　　C. 男的原来认识女的　　　　　D. 男的不知道怎么回答

5. A. 市政府打算想办法解决坐车难的问题

　　B. 这个措施从下个月开始实行

　　C. 别的车不能进入公交车的车道

　　D. 现在上下班时坐公交车还是很难

6. A. 男的以前同意把沙发留给女的

　　B. 男的把沙发卖给别人了

　　C. 买走沙发的人不是本地人

　　D. 那个人家里的沙发太差了

7. A. 他很害怕普通话考试　　　　B. 他说话的声音不好听

　　C. 他的普通话说得不标准　　　D. 他觉得这次考试大概能通过

8. A. 怀疑　　　　B. 不满　　　　C. 难过　　　　D. 担心

9. A. 这是一个电话公司　　B. 现在全国都有他们的商店
　　C. 这家公司刚成立没有几年　D. 这家公司最初是一个小商店
10. A. 对孩子不能着急　　B. 你不是一个好的幼儿园老师
　　C. 两岁的孩子应该懂事了　D. 我想知道孩子在想什么

三 听短文做练习

1. 根据录音内容，选择正确答案

（1）A. 因为我只喜欢美国音乐　B. 因为英语的使用范围很广
　　C. 因为必须选择英语课　　D. 因为我想去美国留学

（2）A. 学校规定两门外语课，一门必须选汉语
　　B. 父母告诉我必须选汉语课
　　C. 如果不选汉语课，我就没有学费
　　D. 我只能服从父母

（3）A. 大学一年级时　　B. 父母骂了我以后
　　C. 看到妈妈辛苦的样子以后　D. 学校的老师找我谈话以后

（4）A. 抱怨　　B. 不理解　　C. 感激　　D. 同情

2. 根据录音内容，判断正误

（1）汉字的使用到现在已经有三千年的历史了。　　（　　）
（2）汉字有四种造字的方法。　　　　　　　　　　（　　）
（3）第一种造字法可以反映具体事物和抽象事物。　（　　）
（4）第四种造字法把汉字分成了左右两个部分。　　（　　）
（5）有百分之八十的汉字属于第四类汉字。　　　　（　　）

3. 根据录音内容，回答问题

（1）为什么会出现"汉语热"？

(2)第一所孔子学院是什么时候成立的?它的发展情况怎么样?

(3)很多外国人为什么来孔子学院?

(4)你觉得学习汉语的人数将来会有怎样的变化?

口语

一 课文

(这个学期的最后一节口语课)

王老师:时间过得真快,这个学期马上就要结束了,你们到中国也已经十个多月了,今天的口语课就请大家谈谈自己在中国学习和生活的情况,好吗?谁先说?

安 德:我先来吧。能够得到奖学金来中国学习,我觉得自己特别幸运。我刚来的时候一句汉语也不会说,去外面买东西、坐车、吃饭都很难。而且因为汉语和我们国家的语言完全不同,所以,刚开始学时觉得汉语特别难。

波 伟:我也一样。我最头疼的就是汉字了,在我们国家形容一件事情很难,有"跟中国的汉字一样难"

的说法。所以刚学汉语时，看很多字都差不多，比如把"银行"看成了"很行"，自己还想中国人一点儿也不谦虚，到处都是"……很行"。现在想想就想笑。

李明爱：我也来说两句，刚开始学习时，我最不习惯的就是早上八点钟就上课了，我怎么也起不来，那时常常迟到，不过很快就适应了。这十个月，我在中国生活得非常愉快，交了很多朋友，汉语口语水平也大大提高了。

丁　荣：是啊，我记得第一次上课时，老师教我们发音、读拼音。我觉得太难了。我说了很多次，每次都发错。我因为发音不好，还闹了不少笑话，比如把"请问"发成了"请吻"；"糖"说成了"汤"等等。

安　德：记得那时我们很着急，恨不得一下子就能说一口流利的汉语。老师就安慰我们说，别着急，学习汉语应该慢慢来，汉语水平不是一天两天就能提高的。现在我在中国生活了十个多月了，一切都习惯了，汉语也进步了，也敢大胆地用汉语和别人说话了。几天前我遇见了好久不见的一个中国朋友，我跟她打招呼，她夸我现在汉语说得很好。我开心极了。我认为只要认真学，汉语就不难。

第七十课　复习（十四）

李明爱：你说得对。"世上无难事，只怕有心人"嘛，我觉得汉语真是越学越有意思，比如同样是"看"的意思，现在知道还可以用"望"、"瞧"、"阅"等来表示。

波　伟：我同意。现在汉字在我看来，就像是一幅美丽的图画一样，我就是一个用图画表达一切的画家，我已经被这样的语言给迷住了。

丁　荣：你们把我想要说的都说了，那我就来补充几句吧。刚到中国时，我很不习惯中国的饮食，吃饭的时候也不会用筷子，汉语就更不用说了。现在十个月过去了，我不仅生活上完全没有问题了，而且能用汉语和中国人交谈了，自己也挺有成就感的。

王老师：大家都谈得非常好。我还记得第一次见到你们时的情景，那时老师不得不用英语和你们交流，可短短的十个月，你们就能用汉语准确地表达出自己的意见和看法，你们的进步太大了，老师为你们而感到骄傲。

李明爱：我们取得的成绩是和老师的帮助跟努力分不开的，我们也为自己能遇到这么多好老师而感到高兴。

安　德：我今天把照相机带来了，我们全班同学跟老师一道拍一张集体照吧。请老师放心，我们会继续努力学习汉语的，因为我们都已经深深地爱上了汉语，爱上了中国。

二 注释

(一) ……不是一天两天就能……的

Something cannot be done within one or two days

表示某件事做起来很难，不可能在短时间内学会或完成。"一天两天"有时也说"一天半天"。如：

It denotes that something is hard to do, and it can't be learnt or completed with one or two days. The expression 一天两天 (one or two days) sometimes is replaced by 一天半天 (one and a half day). For example:

(1) 这个病不是一天两天就能治好的。

(2) 太极拳不是一天半天就能学会的。

三 练习

(一) 根据课文内容回答问题

1. 今天口语课的内容是什么？
2. 波伟觉得什么很难？为什么？
3. 李明爱对什么不习惯？
4. 安德现在汉语怎么样？
5. 老师为什么表扬大家进步很大？

第七十课 复习（十四）

（二）用所给词语或格式各说一组两句结构

1. 难免
2. 逐步
3. ……不是一天两天就能……的
4. 闹了不少笑话
5. 在我看来
6. 从而
7. 那还用说

（三）根据下面的要求，进行口语练习

1. 刚到中国时，你有哪些困难？现在觉得怎么样？
2. 请你说说你学习汉语的体会。

（四）读课文，学俗语

Huì dāng líng juédǐng, yì lǎn zhòngshān xiǎo.
会 当 凌 绝顶，一 览 众山 小。

On top of the summit, all peaks are smaller in your eye.

听力录音文本与参考答案

第五十六课　南甜北咸

一、听下面的句子并选择正确答案

1. 玩电脑啊，泡吧啊，健身啊，没有他不喜欢的，除了聚会。
   问：他不喜欢什么？（D）
   A. 玩电脑　　　B. 泡吧　　　C. 健身　　　D. 聚会

2. 今年的冬天不但不冷，反而还很暖和。
   问：说话人认为今年的冬天怎么样？（D）
   A. 很冷　　　B. 有点儿冷　　　C. 有点儿热　　　D. 挺暖和的

3. 他这个人呀，最喜欢当别人的老师了，总是教别人这个怎么做，那个怎么做，就好像他什么都知道。
   问：说话人是什么语气？（D）
   A. 尊敬　　　B. 失望　　　C. 骄傲　　　D. 不满

4. 这孩子总是这样，马马虎虎的，现在的成绩就够让我愁的了，更别说将来的发展了。
   问：关于这孩子，我们知道什么？（B）
   A. 学习比较认真　　　　　　　B. 现在学习不太好
   C. 将来有好的发展　　　　　　D. 为自己的学习发愁

5. 这几天他已经够伤心的了，你就别再雪上加霜了。
   问：说话人是什么意思？（C）
   A. 可能要下雪了　　　　　　　B. 他有点儿伤心
   C. 他很伤心　　　　　　　　　D. 还要下霜

6. 找工作可真不是件容易的事儿，条件可多了，比如，很多单位都要年轻的，最好是有工作经验的，就连性别也有限制。哎，真难哪！
   问：下面哪种说法是正确的？（C）

A. 找工作比较简单　　　　　　B. 年龄上没有要求
C. 有工作经验的更好　　　　　D. 很多单位不要女的

7. 他们那个时候的生活条件可艰苦了，连白菜都吃不起，更别说大鱼大肉了，能吃上白米饭就已经很不错了。

问：他们那个时候怎么样？（A）

A. 吃不起大鱼大肉　　　　　　B. 不太喜欢吃白菜
C. 每天都吃白米饭　　　　　　D. 不想吃大鱼大肉

8. 这钱是我明天要交水费的，你竟然把它花光了！

问：说话人是什么语气？（B）

A. 吃惊　　　B. 生气　　　C. 高兴　　　D. 伤心

9. 你看，他生了个大胖小子，乐得连嘴都合不上了。

问：关于他，下面哪种说法不正确？（B）

A. 生了一个儿子　B. 生了一个女儿　C. 心情十分愉快　D. 笑得非常开心

10. 小李，以前那些痛苦的事情你就不要再想了，过去就过去吧，人要向前看，未来的路还很长。

问：关于小李，从这句话中我们可以知道什么？（B）

A. 觉得很疼　　　　　　　　　B. 过去有过不愉快的经历
C. 喜欢想以后的事　　　　　　D. 想要向前走

二、听下面的对话并选择正确答案

1. 女：小王是不是生病了，这几天他怎么总是提不起精神呀？
   男：哪儿呀，肯定是和女朋友吹了。
   问：由这句话我们可以知道小王怎么样？（C）

   A. 很有精神　　　B. 很生气　　　C. 精神很差　　　D. 生病了

2. 女：你觉得我这个办法怎么样？
   男：好是好，就是要花些工夫。
   问：男的觉得这个办法怎么样？（C）

   A. 很不错，而且也很容易做　　　B. 不太好，而且也不容易做
   C. 很不错，但是要花些时间　　　D. 不太好，但是不用花时间

3. 女：你看这些钱买书够不够？
   男：都能买一屋子的书了。

问：从对话中我们可以知道什么？（C）

A. 男的有一屋子书　　　　　　B. 女的有很多钱

C. 男的觉得钱够了　　　　　　D. 女的很喜欢买书

4. 女：今天在路上碰到的那个人也太不像话了！气死我了！

   男：别生气了。犯不着为这种人生气！

   问：男的是什么意思？（A）

   A. 不要为这种人生气　　　　　B. 为什么要生气

   C. 太容易生气了　　　　　　　D. 不能总是生气

5. 女：都开演这么长时间了，你看他还会来吗？

   男：八成是不会来了。

   问：对话可能发生在什么地方？（C）

   A. 茶馆　　　B. 饭店　　　C. 电影院　　　D. 家里

6. 女：你的文章写得不错，老师肯定表扬你了吧？

   男：别提了，不但没被表扬，反而还挨了一顿批评。老师以为我的文章是抄别人的。

   问：下面哪种说法是正确的？（D）

   A. 女的表扬了男的　　　　　　B. 男的文章写得不好

   C. 男的文章是抄的　　　　　　D. 老师批评了男的

7. 女：小王真不够朋友，昨天请他帮忙他都不答应。

   男：可能他正好有事吧。

   问：从对话中我们可以知道小王什么？（B）

   A. 朋友不够多　　　　　　　　B. 没答应帮女的忙

   C. 总是很忙　　　　　　　　　D. 有一件事要做

8. 女：现在的东西真是一天一个价，前几天白菜的价格还是一块五一斤，这几天就变成两块五了。

   男：经济发展了，人们的生活水平提高了，东西肯定也会贵一些。

   问：下面哪种说法不正确？（D）

   A. 东西的价格提高了　　　　　B. 人们的生活越来越好了

   C. 最近白菜比以前贵了　　　　D. 国家的经济不如以前了

9. 女：这件事儿我找了很多人都没办成，现在全靠你了。

   男：一句话，这件事儿就交给我了。

问:从对话中我们可以知道什么? (A)

A. 男的同意帮女的 　　　　　B. 女的要靠着男的

C. 男的向女的要东西 　　　　D. 男的和女的说了句话

10. 女:我胡乱画的,实在是不好意思拿给你看。

　　男:哪儿的话,没有比这画得更好的了。

　　问:男的觉得女的画得怎么样? (D)

　　A. 不怎么样　　B. 太乱了　　C. 还可以　　D. 非常好

三、听短文做练习

1. 根据录音内容,判断正误

西藏人餐桌上的变化

大概在十多年前,西藏几乎没有大面积的蔬菜种植,吃菜困难的问题一直都十分严重。每天,西藏人的餐桌上只能看到土豆、白菜和辣椒这些最普通的菜。为了提高人民的生活水平,解决吃菜困难的问题,从1990年开始,西藏政府每年都要专门拿出500万元用于"菜篮子"建设,花很大的力气发展以蔬菜为主的"菜篮子"生产。2004年,西藏蔬菜种植面积差不多已有2300多万平方米,品种也有200多个,生产总量大大地增加了,每个家庭差不多3天就能吃到1公斤蔬菜。如今,在任何季节走进拉萨的餐馆,都可以吃到西藏本地生产的蔬菜。

(1)十几年前,西藏人只喜欢吃萝卜、白菜和土豆这些菜。　　(×)

(2)十几年前,西藏种植的蔬菜种类很少。　　(√)

(3)"菜篮子"建设是指发展食品生产。　　(×)

(4)现在西藏每个人差不多3天就能吃到1公斤蔬菜。　　(×)

(5)现在,冬天在拉萨的餐馆可以吃到当地生产的蔬菜。　　(√)

2. 根据录音内容,选择答案

动物"气象员"

大自然中有很多动物"气象员",这些动物可以准确地预报天气。

比如,蜜蜂找食物时,如果出去早回来晚,那么第二天就是晴天;如果很晚不出去，或者出去得晚，而回来得早，不久就会下雨；如果蜜蜂冒着细雨去找食物，天将会由雨天转为晴天。不仅蜜蜂可以预报天气，有些鱼也可以。比如，有一种生活在黑龙江里的鱼，晴天的时候，它一般会在水底慢慢地游，如果大风或大雨快来的时候，它会表现得特别活跃。还有一种鱼也非常有趣，在大雨来临之前会在水面上下来回游，有时还会把头伸出水面，好像要看看到底发生了什么事。还有很多鸟儿对天气的变化也有反应。有的鸟儿一叫，天气就会变得暖和起来。

动物中的"气象员"还有很多，其实，它们的这些反应，都是对环境变化的一种适应。

（1）蜜蜂如果早出晚归，第二天是什么天气？（A）
　　A. 晴天　　B. 下雨　　C. 刮风　　D. 阴天
（2）哪种动物在文章中没有提到？（D）
　　A. 蜜蜂　　B. 鱼　　C. 鸟　　D. 马
（3）下面哪种说法不正确？（C）
　　A. 如果蜜蜂出去得晚，回来得早，不久就会下雨。
　　B. 生活在黑龙江里的某种鱼在大雨快来时，会很活跃。
　　C. 鸟儿对天气变化的反应不太大。
　　D. 动物的反应是对环境变化的一种适应。

3. 根据录音内容，回答问题

印度人口将于2025年超过中国

联合国每两年一次对全世界人口变化情况进行预测。今年的预测说，中国的人口2033年大概会达到十四亿六千万，而在2025年时，中国将不再是世界第一人口大国，印度的人口会赶上中国，到那时中印两国的人口都会在十四亿左右。但是上一次的预测，也就是两年前的预测说，到2030年印度人口才会超过中国。

中国的人口一直在增长，但增长的速度却一直在下降，到2030年左右，中国人口的增长速度就会接近于零。

据联合国最新的预测，中国人口最高值会在2033年出现，那时候的人口数量大约是十四亿六千万。也就是说，中国的人口不会超过十五亿。

看来，中国的计划生育政策对控制人口产生的效果非常明显。

（1）联合国对全世界人口变化情况的两次预测有什么不同？

（2）2025年，印度大概有多少人？

（3）中国人口最高值大概是多少？什么时候会出现？

答案提示：

（1）第一次预测认为2030年印度人口会超过中国。第二次预测认为2025年印度人口就会赶上中国。

（2）十四亿左右。

（3）2033年，十四亿六千万。

第五十七课　儿行千里母担忧

一、听下面的句子并选择正确答案

1. 要说不懂事，我看你比他更加不懂事。

   问：说话人是什么意思？（C）

   A. 你很懂事　　　　　　　　B. 他比你不懂事

   C. 你比他还不懂事　　　　　D. 他们都很懂事

2. 孩子越大越难管了，他总是要做一些和你说的相反的事，好像这才表示他已经长大了。

   问：说话人觉得孩子怎么样？（D）

   A. 和大人的想法一样　　　　B. 做的事都是错的

   C. 大了就喜欢管别人　　　　D. 不喜欢照大人说的做

3. 哎，这事果真像他说的那么容易就好了。

   问：说话人觉得这事怎么样？（D）

   A. 很容易　　B. 不太难　　C. 不难也不容易　　D. 不太容易

4. 为了你这件事，我花了多少工夫啊，腿都快跑断了。

   问：下面哪种说法是正确的？（C）

   A. 说话人是跑着去办这件事的　　B. 说话人的腿已经累得断了

   C. 这件事办起来很不容易　　　　D. 这件事花了很多钱才办好

5. 算了，小李，你还是忙自己的事吧，你是越帮越忙。

    问：关于小李，说话人觉得怎么样？（A）

    A. 帮不上忙   B. 越来越忙

    C. 工作很忙   D. 自己的事重要

6. 爸爸一点儿方向感都没有，出门就转向。

    问：从这句话中我们可以知道说话人的爸爸怎么样？（C）

    A. 不常出门   B. 喜欢到处转

    C. 认不清方向   D. 方向感很好

7. 他这个人花钱大手大脚，给他一个月用的钱半个月就花光了，一点儿都体会不到爸爸妈妈的辛苦。

    问：关于他，下面的说法哪一种最准确？（D）

    A. 手和脚都很大   B. 知道爸妈很辛苦

    C. 很会省钱   D. 花钱特别多

8. 以前这里都是大片大片的树林，就好像是个大公园，往往四五十公里看不见几个人，现在都已经建设成一座大城市了。

    问：下面的说法哪一种是正确的？（D）

    A. 以前这里没有人   B. 现在这里是座公园

    C. 以前有很多人来这儿玩儿 D. 现在这里是一个城市

9. 如果他不是把太多时间花在工作上，可能他的病早就好了，也不会是现在这个样子了。

    问：这句话的意思是什么？（B）

    A. 他的病已经好了   B. 他的身体不太好

    C. 他的工作很花时间   D. 他的工作很不错

10. 学好汉语的办法有很多，多听录音，多和中国人聊天，多做练习什么的，但是最重要的在于你要坚持。

    问：关于学好汉语，说话人是什么意思？（D）

    A. 最重要的是听录音   B. 天天和中国人聊天

    C. 多做练习就可以了   D. 坚持多听多说多练

二、听下面的对话并选择正确答案

1. 女：听说你 HSK 考过了八级，恭喜呀！

男：你听谁说的，根本没有的事。

问：男的是什么意思？（C）

A. 想知道是谁告诉女的　　B. 不想告诉女的他得了八级

C. 他 HSK 没有得到八级　　D. 他得了八级和女的没关系

2. 女：你看你怎么忙得连饭都来不及吃了？

男：不是来不及，而是我身上没带钱。

问：男的为什么不吃饭？（A）

A. 身上没有钱　　B. 没有时间吃

C. 舍不得花钱　　D. 想请女的吃

3. 女：你看，我说小李不会来吧。

男：果真像你说的一样，他连脸都没露一下。

问：下面哪种说法是正确的？（B）

A. 女的认为小李会来　　B. 女的认为小李不会来了

C. 小李还是来了　　D. 小李给大家看了一下脸

4. 女：前门开了家饭店，你陪我去尝尝吧。

男：太耽误事了，还是打电话叫他们送过来吧。

问：男的是什么意思？（D）

A. 应该去饭店吃　　B. 没什么好吃的

C. 事情太多了　　D. 到外面吃浪费时间

5. 女：真倒霉，又挨骂了。

男：你别放在心上。李经理这个人就是嘴硬心软。其实，他也是为你好。

问：男的认为李经理怎么样？（B）

A. 在吃硬的东西　　B. 心不坏

C. 喜欢为别人考虑　　D. 心很硬

6. 女：你看我这个角度行吗？

男：这个角度照出来的效果不太好，你再换个角度吧。

问：男的可能是干什么的？（B）

A. 医生　　　　B. 摄影师　　　　C. 画家　　　　D. 作家

7. 女：让你帮我买的东西买到了吗？

男：别提了，眼看就要买到了，结果我前面那个女的把剩下的都买走了。

问：男的是什么意思？（B）

A. 买到了   B. 没有买到   C. 马上去买   D. 不想买了

8. 女：都两个月了，也不知道小明那孩子在外面习惯不习惯？
   男：这孩子也太不像话了！从小到大，除了要钱，从来都不知道给咱们来个信儿！
   问：下面哪一种说法不正确？（B）
   A. 男的和女的是夫妻俩   B. 他们在等孩子回家
   C. 小明是他们俩的孩子   D. 小明离开家两个月了

9. 女：听说小王脾气很好。
   男：好什么好，发起火来像火山爆发一样。
   问：关于小王，下面哪句话是正确的？（C）
   A. 脾气很不错   B. 最近要去看火山
   C. 脾气不太好   D. 最近很爱生气

10. 女：你看我买的这件衣服怎么样？不错吧？
    男：你买的东西还能有错？
    问：男的认为女的怎么样？（A）
    A. 买什么都很好   B. 没买对衣服
    C. 又买错东西了   D. 总是买衣服

三、听短文做练习

1. 根据录音内容，选择正确答案

大学生的就业观念

暑假到了，又到了大学生找工作的时候。每到这时，就会有成千上万的大学生在大城市的各个工作单位之间来回奔忙，寻找好的就业机会，今年也一样。从有关部门的统计来看，今年全国普通高校的毕业生有495万多，比起2006年多出82万人。由于毕业生一年比一年多，大学生就业问题就成了最近几年大家关心的一个重要问题。

大学生就业难，并不是说中国大学生过剩。据统计，我国大学毕业生占从事工作的人员的比例仅为发达国家的1/8。总的来看，我国的经济发展十分迅速，对人才的需要也一天天在增加，但是，一些大学生找工作时眼睛只看着大城市、大单位，甚至数千人抢一个位置，比较远的地方虽然急需要人才，但去的人却很少。

因此，大学生就业难，主要是因为一些大学生就业观念存在问题。所以，大学生应该有一个正确的就业观念,积极地到远的地方,或者到小一点儿的城市去锻炼自己,等有了一定的工作经验再寻找更好的发展机会。

(1) 2006年全国普通高校毕业生大概有多少人? (B)
    A. 495万   B. 413万   C. 577万   D. 206万
(2) 如果我国大学毕业生占从事工作人员的比例为8%,那么发达国家的大学毕业生占他们国家从事工作人员的比例大概是多少? (D)
    A. 1%   B. 8%   C. 37.5%   D. 64%
(3) 关于中国的大学生,下面哪种说法不正确? (A)
    A. 毕业生过多   B. 找工作不能只看大城市、大单位
    C. 毕业生越来越多   D. 找工作时要有正确的就业观

2. 根据录音内容,判断正误

睁着眼睛睡觉的鱼

别看鱼儿一天到晚都在游动,其实它们也是要睡觉的,只是它们睡觉的样子和其他的动物不一样,人很难发现。由于大多数鱼没有眼皮,所以它们睡觉的时候还是睁着大大的眼睛,这时,我们很难看出它们到底是在睡觉还是醒着的。

其实,只要我们仔细观察,就会发现鱼儿在睡觉的时候会停止游动,找一个比较安全的地方,一动不动地漂着。它们睡觉时,有的喜欢在水的底层睡,有的喜欢在水的中层睡,各不一样。但它们睡觉时都很警惕,只要有声音,它们马上就会醒,然后迅速地游走,而且它们睡觉的时间也不长,大概只有十来分钟左右。鱼儿睡觉时十分有趣。有的鱼白天在一起游,可到了晚上,就会分开,各自游到水底开始睡觉。有的鱼白天喜欢在水底待着不动,可睡觉的时候却会漂到水中。还有的鱼喜欢找个洞,藏起来睡。它们睡觉的样子各种各样,如果有机会,你可以仔细观察一下这些睁着眼睛睡觉的鱼。

(1) 大多数鱼喜欢睁着眼睛睡觉。   (×)
(2) 鱼儿睡觉大概要一个多小时。   (×)
(3) 鱼儿睡觉的时候如果听到声音会很快地游走。 (√)
(4) 鱼儿睡觉时的样子都差不多。   (×)

3. 根据录音内容，回答问题

爷爷的爱好

爷爷今年六十多岁，除了抽烟、喝茶、看报纸，平时没有太多的爱好。

爷爷抽烟已经有几十年的历史了。年轻时，他在北京工作，那时生活很单调，下了班，大家就会聚在一起抽烟、聊天。有一次，朋友拿出一根烟递给爷爷，爷爷觉得好奇就试了一下，没想到，从此就离不开烟了，一抽就是几十年。

说起爷爷喝茶，简直跟喝白开水没什么两样。别人喝茶都是先看看样子，再闻闻味道，最后慢慢儿喝。可他倒好，一下子就全喝下去了。问他感觉怎么样，他最多三个字：没味道。

爷爷还有一个最大的爱好，那就是看报纸，给他几张报纸，他会在自己的卧室看个半天也不出来，有时叫他吃饭他都听不见。

爷爷非常爱我，虽然在外地工作，可经常打电话问我的学习、生活情况。我一定要努力学习，将来要加倍对他好。

（1）爷爷是怎么开始抽烟的？

（2）爷爷喝茶跟别人有什么不一样？

（3）录音中提到了爷爷的哪些爱好？

答案提示：

（1）爷爷年轻时，下班后经常和朋友聚在一起聊天，朋友给了爷爷一根烟，爷爷因为好奇抽了一下就喜欢上了。

（2）爷爷喝茶不品，一下子全喝下去。别人是先看，后闻，再喝。

（3）爷爷喜欢抽烟，喝茶，看报纸。

第五十八课　三分钟热度

一、听下面的句子并选择正确答案

1. 我不怕在国外的生活辛苦，就怕爸爸妈妈不同意我出国留学。

问：从这句话，可以知道说话人怎么样？（B）

A. 不担心爸妈不同意　　　　B. 很担心爸妈不同意

C. 很害怕爸爸妈妈　　　　　　D. 一点儿也不怕爸妈

2. 你怎么总是和我过不去呀？我要往东，你却要往西。

问：说话人觉得听话人应该怎么做？（D）

A. 不要往西走　　　　　　　B. 不要过去

C. 别和说话人一起生活　　　D. 不要和说话人对着干

3. 她和她婆婆的关系好得不能再好了。

问：她和她婆婆关系怎么样？（D）

A. 很不好　　B. 不太好　　C. 一般　　D. 非常好

4. 这项困难的工作不但没把他吓倒，相反却让他更有信心去战胜困难了。

问：关于他，我们可以知道什么？（B）

A. 被困难的工作吓坏了　　　B. 很有信心去做这项工作

C. 不想去做困难的工作　　　D. 做这项工作的信心不强

5. 即使你不说，我也会看在朋友的分儿上帮你的。

问：说话人是什么意思？（C）

A. 你不说，我就不帮你　　　B. 你说了我才会帮你

C. 你不说，我肯定也会帮你的　D. 你是我的朋友我也不帮你

6. 就你这样，三天打鱼两天晒网怎么行，没有毅力什么事也干不成啊。

问：说话人是什么意思？（D）

A. 今天想去打鱼　　　　　　B. 今天要晒网了

C. 你什么事也干不成　　　　D. 坚持才能做成事情

7. 那个路口的红绿灯被树枝挡住了，等我发现红灯赶紧停车时已经来不及了，被交警罚了款，真倒霉！

问：说话人最可能是什么人？（B）

A. 警察　　B. 司机　　C. 行人　　D. 乘客

8. 约好了十点半见面，我不到十点就坐在办公室里等他了。可一直等到十一点也不见他的影子，真是气死我了。

问：下面哪个是句子中没有提到的？（D）

A. 见面的时间　　　　　　　B. 见面的地点

C. 说话人的心情　　　　　　D. 约的人是谁

9. 什么？我通过了？我不是在做梦吧？

问：说话人是什么语气？（B）

A. 很满意   B. 很惊讶   C. 很生气   D. 很难过

10. 李明，就取得这点儿成绩也值得你高兴成那样？

问：从这句话中我们可以知道什么？（A）

A. 说话人觉得不值得那么高兴   B. 李明取得了很好的成绩

C. 说话人为李明感到高兴   D. 李明不是太高兴

二、听下面的对话并选择正确答案

1. 女：这雨一时半会儿也停不了，不会有人来吃饭了。

   男：那我们关门吧。

   问：他们可能是什么人？（A）

   A. 饭店老板   B. 商店售货员   C. 气象员   D. 商店老板

2. 女：我不想打针，太疼了。

   男：没事，打针就像被虫子咬一下，忍一下就好了。

   问：从对话可以知道什么？（C）

   A. 虫子咬了女的   B. 虫子咬得很疼

   C. 女的很怕打针   D. 打针一点儿也不疼

3. 女：你这孩子也不肯下工夫，这样怎么能考上大学呀？

   男：考不上大学我就去打工，反正不用你养我。

   问：女的和男的可能是什么关系？（D）

   A. 夫妻   B. 情侣   C. 同事   D. 母子

4. 女：都等了这么长时间了，怎么还不来呀？

   男：现在不是上下班高峰期，往往要等上十多分钟才能来一辆。

   问：他们在等什么？（B）

   A. 人   B. 车   C. 电梯   D. 火车

5. 女：你说我们送点什么好呢？

   男：她刚做完手术，就送点儿水果和鲜花吧。

   问：他们要去干什么？（C）

   A. 接人离开医院   B. 送人住医院   C. 看望病人   D. 退掉礼物

6. 女：你家离学校就这么两步，干吗不走路？

   男：坐车省力嘛！

   问：关于男的，从这段话中我们可以知道什么？（D）

A. 家离学校只有两步　　　　B. 每天走路去学校

C. 觉得坐车太麻烦了　　　　D. 家离学校很近

7. 女：小李这人最爱赶时髦了，什么流行玩儿什么。

男：是呀，你看她最近又迷上了跳街舞。

问：关于小李，下面哪种说法是正确的？（B）

A. 打扮得很时髦　　　　　　B. 很喜欢流行的东西

C. 一直都很喜欢跳舞　　　　D. 她的东西都很时髦

8. 女：我上次给你介绍的电影不错吧，下次有好的我还给你留着。

男：没问题，我下次还来你这儿买。

问：他们可能在哪儿？（C）

A. 电影院　　　B. 照相馆　　　C. 音像店　　　D. 电器商场

9. 女：你做的是什么呀？这馒头跟石头一样硬，能吃吗？

男：要不，下次你来做。

问：他们在讨论什么？（A）

A. 饭做得怎么样　B. 下次谁做饭　C. 石头有多硬　D. 在哪儿买馒头

10. 女：你不去，我也不去。

男：有这好事，我能不去吗？

问：从这句话中我们可以知道什么？（C）

A. 男的有事不去　　　　　　B. 女的不想去

C. 男的要去　　　　　　　　D. 男的觉得这事不好

三、听短文做练习

1. 根据录音内容，选择正确答案

孟母三迁

中国古时候有个非常有名的人，叫孟子。在孟子三岁的时候，他的父亲就去世了。为了让儿子能够成为一个有知识，有文化的人，母亲对孟子的教育非常严格。开始，他们住在一个墓地附近。由于常常看到埋死人，孟子就常和小朋友玩埋死人这样的游戏。孟母觉得这样对孩子学习很不利，便把家搬到了一个菜场附近。那儿都是些做小生意的人，时间一长，孟子与小朋友又玩起了做生意的游戏。孟母一看又不行，决定再搬一次家。这一回搬到了一个学校附近，孟子每天看到的都是读书人，听到的都是

读书声，受到这样的影响后，孟子也开始喜欢读书了，孟母很高兴。后来，孟母就带着孟子一直住在这里。

  （1）孟子的母亲共搬了几次家？（B）
    A. 一次   B. 两次   C. 三次   D. 四次
  （2）孟子的母亲为什么要搬家？（D）
    A. 想要住得舒服一点儿   B. 想要儿子学做生意
    C. 想要儿子多交一些朋友 D. 希望儿子受到好的影响
  （3）孟子和母亲最后住在哪儿？（B）
    A. 墓地附近 B. 学校附近 C. 菜场附近 D. 学校里面

2. 根据录音内容，判断正误

饿死要比撑死强

  人们经常说，撑死总比饿死强。于是，大家都喜欢吃、喜欢多吃，过节吃、办事吃、请人帮忙吃。一不小心，就吃出了糖尿病。

  据报道，2003年时全世界有一亿九千四百万糖尿病人，目前已经增加到二亿四千六百万，到2025年时将会达到三亿八千八百万。

  全世界每年有三百万人死于糖尿病。

  不健康的饮食和不爱运动的生活方式，已经使糖尿病变成主要的公共健康问题。

  中国人几千年来过的是简单而辛苦的生活，我们已经习惯了这种生活方式，身体有很强的积累营养的能力。

  据研究，如果你过惯了苦日子，然后很快过上好日子，就有得糖尿病的危险。但是如果你一直过的是好日子或者是苦日子，得糖尿病的危险就要小得多。因此亚洲的一些经济发展迅速的国家，得糖尿病的人数往往是欧洲一些发达国家的四到六倍。

  在中国和印度这两个发展越来越快的国家，得糖尿病的人也随着经济的发展而增加。因为现在人们有更多钱买食物，但是劳动的时间却越来越少，因此很容易得病。

  所以，生活条件好了，我们就要少吃点，不要怕饿，经常挨饿对你的身体是有利的。

  （1）到2025年时，得糖尿病的人数是2003年的两倍。（√）
  （2）过惯苦日子的人比一直过好日子的人更容易得糖尿病。（×）
  （3）目前，中国人比欧洲人更容易得糖尿病。（√）
  （4）为了身体好，我们应该经常不吃饭。（×）

3. 根据录音内容，回答问题

独生子女大多靠父母买房

现在的中国家庭都是一个孩子，因此，孩子差不多就成了父母生活的全部。最近，某杂志对夫妻双方都是独生子女的家庭做了一个调查。调查结果告诉我们，在购买结婚新房时，双方都是独生子女的小两口儿大概有70%要靠父母的钱来买房，仅有五分之一左右的小家庭是完全靠自己向银行贷款买房的。

现在我国第一批独生子女大部分都已经结婚生子了。"双独"婚姻已经占我国城市婚姻的大多数。该杂志又对在首都生活的"双独"家庭做了一次调查，131个被调查的家庭的平均结婚时间是3年。调查结果表明，小家庭刚开始生活时，大多数买房的钱部分甚至全部由父母出。被调查家庭在购买新房时，"父母出一部分钱，自己出一部分钱"的占38.2%，"全部由父母出钱或提供新房的"占32.1%。

（1）"双独"家庭是什么样的家庭？
（2）根据短文，如果有100对"双独"夫妻结婚，大概有多少对完全是自己花钱买房的？
（3）某杂志所调查的"双独"家庭的平均结婚时间是几年？

答案提示：
(1) 结婚的双方都是独生子女。
(2) 大概有20对。
(3) 3年。

第五十九课　兴趣比什么都重要

一、听下面的句子并选择正确答案

1. 你还在干什么？你倒是快点儿呀！
问：说话人是什么语气？（B）
A. 疑问　　　B. 着急　　　C. 关心　　　D. 担心

2. 为了演好这部电影，他可是下了不少工夫。

问：关于这个演员，最正确的说法是什么？（ D ）

    A. 功夫很好   B. 有很多的时间

    C. 演得很好   D. 花了很多时间

3. 我恨不得能像电影里的武林高手一样，立即飞过去。

    问：说话人是什么意思？（ C ）

    A. 希望自己能飞   B. 想要学中国武术

    C. 希望能马上过去   D. 很讨厌中国武术

4. 还有三五天才能回家，可我觉得我一刻也不能等了。

    问：从这句话中我们可以知道什么？（ D ）

    A. 还有十五分钟就到家了   B. 他连十五分钟也不想等

    C. 还有大概八天才能回家   D. 他想马上就回家

5. 我和他一向谈不到一块儿去，你还是找别人和他说这件事儿吧。

    问：下面哪句话是正确的？（ A ）

    A. 我和他没有共同语言   B. 我和他关系不错

    C. 我和他不一起去   D. 别人可以和他说话

6. 我们这儿冬天一向很少下雪，可今年冬天却下个没完没了，很不正常。

    问：今年冬天怎么了？（ C ）

    A. 很少下雪   B. 下了几次雪   C. 一直下雪   D. 雪下完了

7. 你怎么总是犹豫不决呀，你有没有一点儿自己的主意？

    问：说话人是什么语气？（ C ）

    A. 担心   B. 安慰   C. 生气   D. 鼓励

8. 幸亏你及时开车来接我，不然我可要靠这两条腿回家了。

    问：说话人原来打算怎么回家？（ D ）

    A. 开车   B. 坐车   C. 骑车   D. 走路

9. 这哪儿像个家呀，简直就是个垃圾堆，我还不如去睡马路呢。

    问：说话人在什么地方？（ A ）

    A. 家里   B. 垃圾站   C. 街上   D. 宾馆

10. 对不起，秘书这个工作不太适合你，你再去别的地方看看吧。

    问：听话人可能是什么人？（ A ）

    A. 应聘的人   B. 招聘的人   C. 秘书   D. 老板

二、听下面的对话并选择正确答案

1. 女：这是李白最有名的一首诗，你看过吗？
   男：我都可以倒过来背了！
   问：男的是什么意思？（ D ）
   A. 他没看过这首诗　　　　　B. 他只会倒过来背这首诗
   C. 这首诗写倒了　　　　　　D. 他对这首诗很熟悉

2. 女：你就少说两句吧，听听人家医生怎么说。
   男：你也知道，我就是管不住我这张嘴。
   问：从对话中我们可以知道男的怎么样？（ B ）
   A. 不想听医生说话　　　　　B. 喜欢说话
   C. 喜欢管别人　　　　　　　D. 想管医生

3. 女：她可是我们学校最漂亮的女孩，大家都称她为"校花"。
   男：这也叫"校花"？不过，我看你们学校也的确找不出更漂亮的了。
   问：下面哪种说法不正确？（ C ）
   A. 女的觉得女孩很漂亮　　　B. 男的觉得女孩不够漂亮
   C. "校花"是一种花的名字　　D. 女的学校没有更漂亮的女孩

4. 女：听说你们公司很重视对职员的培养，待遇也很好，我都想跳槽了。
   男：是啊，但是管理很严格，工作环境让人很有压力。
   问：他们在谈论什么？（ A ）
   A. 公司的情况　　　　　　　B. 收入的问题
   C. 心情怎么样　　　　　　　D. 管理的好坏

5. 女：你倒是快点儿走呀！到前面那家店再休息吧！
   男：我实在逛不动了，还是先进这家银行坐坐吧！
   问：他们在干什么？（ B ）
   A. 散步　　　B. 逛街　　　C. 休息　　　D. 取钱

6. 女：你看这药是不是开错了？
   男：这是新加的，这种药效果很好，价格也不贵。
   问：他们可能在哪儿？（ C ）
   A. 商店　　　B. 药店　　　C. 医院　　　D. 银行

7. 女：我觉得小李的病没他说的那么严重，只是他想得太多。
   男：我觉得也是。

问：男的是什么意思？（ C ）

　　A. 自己也生病了　　　　　　　B. 小李的病挺严重的

　　C. 他觉得女的说得对　　　　　D. 不同意女的看法

8. 女：你要是觉得我们这儿委屈你了，你可以走。

　　男：走就走，此处不留人，自有留人处。

　　问：对话人可能是什么关系？（ D ）

　　A. 丈夫和妻子　　B. 妈妈和儿子　　C. 老师和学生　　D. 老板和职员

9. 女：这孩子真不听话！总是把我的话当耳边风！

　　男：毕竟孩子还小。

　　问：下面哪句话是正确的？（ A ）

　　A. 孩子总是不听女的说的话　　　B. 孩子总是在女的耳边吹风

　　C. 男的觉得孩子也不小了　　　　D. 女的觉得风太大了

10. 女：我可不想再和这种人打交道了。

　　男：门对门的，低头不见抬头见。你就忍忍吧。

　　问：男的让女的做什么？（ C ）

　　A. 抬头看一下　　B. 动动脖子　　C. 忍一忍　　D. 动动脑袋

三、听短文做练习

　　1. 根据录音内容，判断正误

外国人学汉语

　　随着中国经济的快速发展，国际地位的提高，学习汉语的人越来越多。可是学习汉语并不是一件容易的事儿，特别是汉字，一个个符号就像是神秘的图画一样，可难倒了学汉语的"老外们"。

　　一个曾在中国学习过汉语的朋友告诉了我一件发生在他身上的有趣的事。有一次，中国女排和美国女排比赛后，中国女排胜利了，他听到电视新闻里报道：中国队大胜美国队！过了几天，决赛时中国和美国队又碰在一起争夺冠军，赛后的电视新闻报道：中国队大败美国队！他听了很高兴，心想，上次说胜美国，结果中国赢了；这次说败美国，那美国肯定赢了！但实际上美国队又输了。直到现在，他见谁都说，中国人太奇怪了，胜和败都是他们赢，那还比什么赛呢？

　　（1）中国经济发展很快，学汉语的人多了。　　　　　　　　（ √ ）

（2）外国人学习汉语是因为觉得汉字像图画一样漂亮。　　　　（×）
（3）"中国队大胜美国队"和"中国队大败美国队"意思一样。　（√）
（4）中国队第二次赢了美国队。　　　　　　　　　　　　　　（√）

2. 根据录音内容，回答问题

会变色的动物——变色龙

为了在大自然中活下去，动物们都练了一身本领，有的很能跑，有的很强壮，而变色龙为了躲开敌人，则学会了"伪装"。

变色龙能随着周围环境的变化而随时改变自己身体的颜色，这种现象让它成为自然界中的"伪装高手"。为了躲开敌人，变色龙经常在人们不注意的时候就改变了身体的颜色，一动不动地让自己成为大自然中的一部分，让其他动物很难发现。

变色龙在一天24小时中，要换六七种颜色：在温暖的环境中穿"绿衣服"；温度低一点儿时就换上灰色的"衣服"；深夜，它们又换上黄白相间的"衣服"；天快亮的时候，又改穿深绿色衣服……

它们为什么能不停地改变身体的颜色呢？原来它们皮肤里有很多不同颜色的组织。这些组织会随着周围环境的变化而改变颜色。

变色龙这种迅速改变颜色的现象在自然界中是不多见的。

（1）变色龙有什么躲开敌人的本领？
（2）变色龙一天可以改变几种颜色？
（3）变色龙为什么会改变身体的颜色？

答案提示：
（1）变色龙能随着周围环境的变化而随时改变自己身体的颜色。
（2）变色龙一天要换六七种颜色。
（3）变色龙皮肤中有很多不同颜色组织，这些组织会随周围环境的变化而改变颜色。

3. 根据录音内容，选择正确答案

世界癌症日

每年的4月15日，也就是世界癌症日这一天，国际抗癌联盟（UICC）都会组织一次活动。今年，国际抗癌联盟将会发起题为"今天的儿童，明天的世界"这一抗癌运动。

目前，癌症已经成为全世界一个最主要的死亡原因。据报道，2005年有760万人死于癌症，占总死亡人数的13%。而且，如果不采取任何行动去预防和控制癌症，在今后的10年中将会有8400万人死于癌症。因此，国际抗癌联盟正在积极地想办法来控制癌症的增长速度。但是，在所有癌症死亡中，70%以上是发生在收入比较低的国家，这些国家经济相对落后，医疗条件比较差。因此，抗癌这项事业的顺利完成还需要世界各国的共同努力。

(1) 今年抗癌运动的主题是什么？（B）
　　A. 癌症治疗　　　　　　　B. 今天的儿童，明天的世界
　　C. 癌症控制　　　　　　　D. 今天的儿童，明天的未来

(2) 2005年有多少人死于癌症？（C）
　　A. 130万　　B. 700万　　C. 760万　　D. 8400万

(3) 2005年癌症的死亡人数占总死亡人数的多少？（A）
　　A. 13%　　B. 70%　　C. 76%　　D. 84%

(4) 国际抗癌联盟多长时间组织一次活动？（B）
　　A. 半年　　B. 一年　　C. 四年　　D. 十年

第六十课　复习（十二）

一、听下面的句子并选择正确答案

1. 你昨天提的方案好是好，不过，不同意的人可不在少数。
   问：从这句话中我们可以知道什么？（B）
   　　A. 少数人不同意　　　　　B. 多数人不同意
   　　C. 说话人没说实话　　　　D. 说话人不同意

2. 什么？你还要我陪你去看那部电影？那电影我看过不下十次了。
   问：说话人是什么意思？（C）
   　　A. 他看过十次　　　　　　B. 他看过不到十次
   　　C. 他看过不止十次　　　　D. 再看就是第十次了

3. 多好的机会呀，别人求都求不来呢，你却不珍惜。

   问：说话人是什么语气？（C）

   A. 高兴   B. 生气   C. 可惜   D. 着急

4. 你这个人怎么这么笨哪？别人说什么你都信！

   问：从这句话我们可以知道说话人怎么样？（C）

   A. 不相信别人说的话   B. 在问别人相信什么

   C. 认为别人说的话不能全信   D. 在问为什么相信别人说的话

5. 别人不好说。对你，我是最信得过的。

   问：说话人是什么意思？（D）

   A. 不放心他   B. 不相信他   C. 对他很担心   D. 很相信他

6. 你别看小王平时不声不响，但关键的时候还是要靠他。

   问：说话人是什么意思？（A）

   A. 他觉得小王可依靠   B. 他看不起小王

   C. 小王平时说话声音小   D. 他想靠在小王身上

7. 小王，你也别太担心，车到山前必有路，总会有办法的。

   问：说话人是什么意思？（D）

   A. 山的前边有条路   B. 车到前边就好了

   C. 不要担心，路越来越好走   D. 不要担心，会有办法的

8. 谈个朋友就要结婚，你这观念早就过时了。

   问：说话人是什么意思？（C）

   A. 谈朋友就应该结婚   B. 那个人的朋友早就结婚了

   C. 谈朋友也不一定要结婚   D. 那个人的朋友就要结婚了

9. 他的小店就在马路边上，所以生意一直都很火。

   问：下面哪种说法是正确的？（B）

   A. 小店起火了   B. 小店生意好   C. 小店没生意   D. 小店不方便

10. 小李学习很努力，但是他喜欢把简单的问题想得太复杂，所以考试的时候总是不能取得好的成绩。

    问：关于小李，下面哪句话是正确的？（B）

    A. 是个很复杂的人   B. 成绩不太好

    C. 想问题很简单   D. 学习不太认真

二、听下面的对话并选择正确答案

1. 女：我让你办的那件事，你办得怎么样了？

   男：八九不离十了，你就等我的好消息吧。（D）

   问：关于这件事，下面哪种说法是正确的？

   A. 男的正打算去做　　　　　　　B. 男的没有信心办好

   C. 已经办好了　　　　　　　　　D. 差不多办好了

2. 女：小李结婚咱们送个红包吧？

   男：送个工艺品啊，床上用品啊，都比送红包强。要不，还是把我从国外带回来的花瓶送给他们吧。

   问：男的最想送什么礼物？（D）

   A. 钱　　　　B. 工艺品　　　C. 床上用品　　　D. 花瓶

3. 女：我让你帮我打听的事儿，你打听好了吗？

   男：急什么？心急吃不了热豆腐。

   问：下面哪种说法是正确的？（A）

   A. 男的让女的不要着急　　　　B. 男的让她等一会儿再问

   C. 男的认为豆腐太热　　　　　D. 女的想吃豆腐

4. 女：现在该怎么办呢？

   男：还能怎么办，走一步算一步吧。走到哪儿算哪儿。

   问：从对话可以知道什么？（B）

   A. 男的让女的走路小心点儿　　B. 男的也不知道该怎么办

   C. 女的问男的怎么走　　　　　D. 男的做事很仔细

5. 女：听说小李一直在做贸易生意，而且做得还不错。

   男：你这都是什么时候的新闻了？他早就改行了。

   问：从对话中我们可以知道什么？（D）

   A. 小李现在在做贸易生意　　　B. 小李的生意不太好

   C. 男的和女的在讨论新闻　　　D. 小李早就不做贸易生意了

6. 女：好长时间没看见你了，最近去哪儿游山玩水了？

   男：还游山玩水呢！累得总是看医生。

   问：男的怎么了？（C）

   A. 出去旅行了　　　　　　　　B. 工作很忙

   C. 累得生病了　　　　　　　　D. 住了好长时间医院

7. 女：丽丽可真厉害，小小年纪就获得了这么多奖。

男：这全靠她爸爸的培养。

问：从对话中我们可以知道丽丽怎么样？（B）

A. 她爸爸很厉害　　　　　　B. 她能获奖是爸爸教育出来的

C. 她没有她爸爸厉害　　　　D. 她的爸爸也获了不少奖

8. 女：听说你最近赚了不少钱？

男：没有的事，不知道又是谁在拿我开心。

问：男的是什么意思？（D）

A. 他很穷　　　　　　　　　B. 他很开心

C. 他不知道是谁说的　　　　D. 他没有赚钱

9. 女：明天我有事不能去了。

男：谁不去都可以，但你不行。

问：男的是什么意思？（A）

A. 别人可以不去，你一定要去　　B. 别人去，你就可以不去了

C. 别人不去，你也可以不去　　　D. 你去了，我就不让别人去了

10. 女：小李的工作找得怎么样了？

男：他呀，高不成，低不就。不是他看不上人家，就是人家看不上他。

问：男的认为小李的工作找得怎么样？（C）

A. 工作找得很好　　　　　　B. 工作找得不太好

C. 没找到满意的工作　　　　D. 找了很多不好的工作

三、听短文做练习

1. 根据录音内容，判断正误

怎样区别真丝绸和假丝绸

中国的丝绸世界有名，可是东西一有名，往往假的就特别多。今天，我要教你几个区别真假丝绸的方法。

首先，用火烧丝绸的边儿，如果是真丝绸就看不见火，而且会有烧头发的味道，丝绸的灰是黑色的，用手一拿就碎。但是如果是假丝绸，遇火就会烧起来，火灭了边上会留下硬硬的东西。

其次，真的丝绸可以吸光，而且丝线比较密，摸上去很舒服。假的丝绸不吸光，

所以看上去亮亮的，而且摸起来很薄。

再次，真的丝绸遇水会变小，所以在用丝绸做衣服之前一定要先拿回家泡5个小时，然后再泡一次，这样以后洗起来形状才不会变。

(1) 真的丝绸不会烧起来。　　　　　　　　　　　　(√)
(2) 假的丝绸遇水会变小。　　　　　　　　　　　　(×)
(3) 真的丝绸摸起来很薄。　　　　　　　　　　　　(×)
(4) 真的丝绸泡5个小时形状就不会变了。　　　　　　(×)

2. 根据录音内容，选择正确答案

汽车颜色与交通事故发生率的关系

2006年8月1日，某大学对汽车颜色与交通事故发生率的关系进行了实验。结果表明：浅色汽车比深色汽车安全得多，而黑色汽车的事故率是白色汽车的3倍。

该大学研究发现：汽车的颜色关系到行车的安全问题。

该大学的王教授介绍了实验的方法。工作人员选了黑色、绿色、蓝色、银色、白色五种颜色进行实验。在天气好的情况下，对早晨、白天、晚上进行了24小时的观察，并在不同时间段进行了拍照。对照片进行研究后发现，黑色车辆最难让人发现，白色和银色最容易被人发现，绿色和蓝色处于中间。

那么汽车颜色对安全的影响到底有多大呢？交通部门并没有专门对汽车颜色与事故的关系进行过研究，因此，也没有办法知道汽车颜色对于安全的影响。

不过，该大学的王教授认为颜色的确可以影响人的心情。比如，红色可以让人兴奋；蓝色可以让人平静；绿色会让人觉得舒服。

(1) 根据实验结果，哪种车最安全？（B）
　　A. 黑色　　　B. 白色　　　C. 绿色　　　D. 蓝色
(2) 哪种汽车的事故率是白色汽车的3倍？（A）
　　A. 黑色　　　B. 银色　　　C. 绿色　　　D. 蓝色
(3) 蓝色会让人觉得怎样？（C）
　　A. 兴奋　　　B. 难过　　　C. 平静　　　D. 舒服
(4) 下面哪种说法不正确？（B）
　　A. 绿色和蓝色汽车没有银色汽车安全

B. 交通部门对汽车颜色与事故的关系进行了研究

C. 文中介绍了该大学的实验方法

D. 红色会让人觉得心情愉快

3. 根据录音内容,回答问题

海上丝绸之路

海上丝绸之路是古代中国与外国贸易和文化交流的海上道路。这条路主要是以南海为中心,从广州出发,所以又被称为南海丝绸之路。

秦汉时期就有海上丝绸之路了,但一直不如陆上丝绸之路繁荣,直到隋唐时期,因为战争不断,陆上的丝绸之路被切断,海上丝绸之路才发展起来。随着中国造船业的发展,中国和亚洲以及非洲一些国家海上航线的开通,海上丝绸之路终于代替了陆上丝绸之路,成为中国对外交流的主要道路。

当时通过海上丝绸之路往外运的商品主要有丝绸、茶叶、陶瓷等,因此,海上丝绸之路还有海上陶瓷之路的美称。到了明朝,郑和下西洋时,海上丝绸之路发展到了最高峰。郑和之后的明清两代,因为政府限制海上的贸易往来,中国的造船业也不再像以前那样繁荣了,这条曾为东西方交往作出贡献的海上丝绸之路也逐渐退出了历史。

(1) 海上丝绸之路是什么时候开始的?什么时候发展到了最高峰?

(2) 海上丝绸之路是如何代替陆上丝绸之路的?

(3) 海上丝绸之路为什么会逐渐退出历史?

答案提示:

(1) 秦汉时期开始,明朝郑和下西洋时发展到了最高峰。

(2) 随着中国造船业的发展,中国和亚非一些国家海上航线的开通,海上丝绸之路代替了丝绸之路。

(3) 因为政府限制海上的贸易往来。

第六十一课 我相信会有这么一天

一、听下面的句子并选择正确答案

1. 春节七天,北京站进出旅客多达一千四百万人次。

问：根据这句话，春节期间北京站的游客有多少？ (D)

    A. 比较少，只有 1400 万人   B. 很多，有 1400 万人

    C. 比较少，只有 1400 万人次   D. 很多，有 1400 万人次

2. 中国人嘛，还是吃中餐最舒服，当然啦，我偶尔也会去西餐厅换换口味。

    问：说话人的饮食习惯是什么？ (A)

    A. 常常吃中餐，偶尔吃西餐   B. 常常吃西餐，偶尔吃中餐

    C. 有时吃中餐，有时吃西餐   D. 只吃中餐，不吃西餐

3. 怎样预防晕车呢？首先，坐车前一天要休息好，不要吃得太饱或太饿；第二，上车后要尽量避免在车内走来走去；第三，往前看，不要往两边看。

    问：下面哪种做法可以避免晕车？ (A)

    A. 前一天睡好   B. 上车前多吃

    C. 在车里走走   D. 尽量往两边看

4. "五一"期间，南京电视台将推出一个新访谈节目，邀请一些普通人来谈谈他们工作中的苦与乐。

    问：这是一个什么样的新节目？ (C)

    A. 娱乐节目   B. 体育节目   C. 谈话节目   D. 新闻节目

5. 你只要做好你自己的工作，其余的事情都交给我跟你爸。

    问：听话人只需要做什么？ (C)

    A. 做饭   B. 洗衣服   C. 工作   D. 打扫房间

6. 企鹅是一种水鸟，身体的长度接近 1 米，嘴巴很硬，头和背部都是黑色的，肚子是白色的，脚和尾巴都比较短，不能飞，一般分布在南极和附近地区。

    问：关于企鹅，下面哪个说法是错误的？ (D)

    A. 身高不到一米   B. 肚子是白色的

    C. 是一种不能飞的鸟   D. 只分布在南极地区

7. 最新消息，今天早上 8 点 30 分，发生了一起严重的交通事故，两车相撞，造成 14 人死亡，有关部门正在调查事故原因。

    问：从这句话，我们可以知道什么？ (D)

    A. 事故发生在今晨八点   B. 4 人在这次事故中死亡

    C. 事故原因已经调查清楚   D. 这可能是一则新闻

8. 听说张亮也要参加这次比赛。他可是李明这次拿冠军最大的威胁。

    问：说话人认为谁可能会是这次比赛的冠军？ (C)

A. 张亮 B. 李明

C. 张亮或者李明 D. 既不是张亮也不是李明

9. 明天晚上到后天，有一股冷空气将南下到我省，影响我省大部分地区。未来三天，气温将下降4-8度。

问：下面哪个说法是正确的？（B）

A. 冷空气从南边来到我省 B. 明天会降温

C. 气温下降8度 D. 后天气温就会升高

10. 通常情况下，熊不会主动伤人，只有受了惊或者饿极了的时候才可能会那样。

问：关于熊，我们知道什么？（A）

A. 一般不会主动伤人 B. 比较容易受惊

C. 饿的时候也不伤人 D. 受了惊一定会伤人

二、听下面的对话并选择正确答案

1. 男：你怎么买这种鱼啊？多贵啊！

   女：这不是野生的，是人工养的。

   问：关于这种鱼，我们大概可以知道什么？（B）

   A. 野生的和人工养的都很贵 B. 野生的贵，人工养的不贵

   C. 野生的不贵，人工养的贵 D. 野生的和人工养的都不贵

2. 男：小姐，我房间的电灯坏了，麻烦您找个人来修一下。

   女：好的，请问您的房间号是多少？

   问：这个对话可能发生在哪儿？（B）

   A. 商场 B. 宾馆 C. 餐厅 D. 教室

3. 男：听说他已经回来了，你怎么不去找他啊？

   女：凭什么要我先去找他？

   问：女的打算做什么？（A）

   A. 等他来 B. 去找他 C. 做别的 D. 找别人

4. 男：根据法律规定，如果25岁以后生孩子，女人可以有四个月的假期。丈夫也可以放两个星期的假。

   女：是吗？我们家老李那时候怎么一天假也没放啊？

   问：下面哪个说法是正确的？（C）

   A. 女人生孩子有四个月的假 B. 妻子生孩子，丈夫有两个星期假

147

C. 女的是老李的妻子　　　　　D. 女的还没有生孩子

5. 男：你不是跟小张去看电影了吗？怎么？电影这么快就结束啦？
   女：还说呢！说好了两点在门口见面，我等了半个小时，连他的影子都没见着。
   问：关于女的，我们知道什么？（D）
   A. 去看电影了　　B. 看完电影了　　C. 还在等小张　　D. 没等到小张

6. 男：你是第一次吃臭豆腐啊？感觉怎么样？
   女：我要是再吃一次，我就不姓刘！
   问：女的觉得臭豆腐怎么样？（D）
   A. 非常好吃　　　　　　　　B. 还可以
   C. 说不上好不好吃　　　　　D. 非常难吃

7. 男：这次你帮了我这么大的忙，我真不知道怎么感谢你才好。
   女：你客气什么呀，咱俩谁跟谁呀。
   问：从对话中我们可以知道什么？（C）
   A. 男的帮了女的一个忙　　　B. 男的并不感谢女的
   C. 女的跟男的关系很好　　　D. 女的不认识男的

8. 男：能不能告诉我们考试的范围呢？
   女：文学、政治、经济、地理什么都有，没法准备，就看你平时的水平了。
   问：这次考试怎么才能考好？（D）
   A. 看文学、政治　　　　　　B. 看经济、地理
   C. 知道考试范围　　　　　　D. 平时多看书

9. 男：在抓产品质量的同时，我们还得想办法扩大公司的影响。
   女：那就在电视上做个广告吧。
   问：从这个对话，我们可以知道什么？（B）
   A. 目前公司的产品质量不错　　B. 现在公司的影响不太大
   C. 公司打算在杂志上做广告　　D. 在电视上做广告很贵

10. 男：我就是不去，你说什么我也不去。
    女：你这是什么态度！有你这样跟妈妈说话的吗？
    问：女的是什么语气？（A）
    A. 生气　　　B. 伤心　　　C. 失望　　　D. 惋惜

三、听短文做练习

1. 根据第一遍录音内容，填空

卧龙自然保护区

各位游客，昨天我们参观了四川的很多名胜古迹，今天我们将去参观的是著名的卧龙自然保护区。卧龙自然保护区是一个国家级自然保护区，在四川省东南部，距离成都100多公里。保护区东西长52公里，南北宽62公里，地理环境特殊，海拔最高6250米，最低1150米。这里常年只有春、秋、冬三季而没有夏季，年平均气温12.5℃。这里自然条件温暖湿润，为各种珍贵的动植物提供了非常好的生活环境。保护区1963年成立，是我国最早的保护区之一，面积达2000平方公里。保护区内目前被列为国家一级保护的有大熊猫、金丝猴等动物和红豆杉、水青等植物。每年这里都吸引很多中外游客前来游玩。

卧龙自然保护区概况	数字
东西长	52公里
南北宽	62公里
面积	2000平方公里
最高高度	6250米
最低高度	1150米
年平均气温	12.5℃

根据第二遍录音内容，选择正确答案

(1) 这篇文章是——(A)

　　A. 导游词　　B. 新闻　　C. 作文　　D. 游记

(2) 卧龙自然保护区在四川省的什么地方？ (C)

　　A. 西南部　　B. 西北部　　C. 东南部　　D. 东北部

(3) 关于卧龙自然保护区，下面哪种说法是正确的？ (D)

　　A. 是一个省级自然保护区

　　B. 有春夏秋冬四个季节

　　C. 保护区于1943年成立

　　D. 既保护动物也保护植物

2. 根据录音内容，选择正确答案

我看看钱够不够

小李开车闯了红灯，没办法，只好请假去车辆管理所交罚款。交罚款的人很多，小李等了两个多小时，还没到他。还有几分钟就快下班了，工作人员通知大家，今天要下班了，请后面的人明天再来。小李一听，气坏了，他跑到柜台前，对工作人员喊："我等了一下午，现在才告诉我不能办！有你们这样的吗？"工作人员已经忙了一天了，又累又急，也生气了："态度恶劣，罚款20块！"过了一会儿，那个工作人员看他老老实实掏出钱包，又有点不忍心，就对他说："只要你向我道个歉，就算了。"小李回答："不，我在看我带的钱够不够，如果够的话，我还有一句话要说。"

（1）小李为什么去车辆管理所？（B）

    A. 公司派他去　　　　　　B. 闯了红灯

    C. 跟工作人员吵架　　　　D. 向工作人员道歉

（2）小李为什么生气了？（D）

    A. 交罚款的人很多　　　　B. 他等了很长时间才办

    C. 工作人员态度恶劣　　　D. 今天办不了了

（3）下面哪种说法是正确的？（C）

    A. 小李等了两个小时才到他

    B. 工作人员让小李后天再来

    C. 小李惹得工作人员生气了

    D. 小李不想交20块罚款

3. 根据录音内容，判断正误

什么声音最可怕

德国人最害怕听到的声音是什么？德国一家电视台最近的一项调查结果让很多德国人大吃一惊，因为"德国人最害怕的声音"中，第一名竟然是婴儿的哭声。

根据德国RTL电视台的报道，共有500名18岁到65岁的普通德国人参加了这次调查。其中85%的人表示，生活中最不愿意听到的或最害怕的声音就是婴儿的哭闹声。他们都认为，如果在公共汽车上或火车上听到婴儿不停地哭闹，就会感到非常不安。在这个调查结果中，紧跟在婴儿哭声之后的是汽车刹车的声音和硬的东西划玻璃的声音。被采访的人说，每次听到这样的声音的时候全身都会不舒服。值得一提的是，健康专家告诉我们，跟"最可怕的声音冠军——婴儿的哭声"相比，刹车的声音和划玻璃的声音对人体的伤害更大。

(1) 根据调查，德国人认为婴儿的哭声最可怕。　　　　　　(✓)
(2) 500 名 18 岁的德国人参加了这次调查。　　　　　　　　(✗)
(3) 德国人认为第二可怕的声音是硬的东西划玻璃的声音。　(✗)
(4) 刹车的声音比婴儿的哭声对人体的伤害更大。　　　　　(✓)

第六十二课　人间天堂

一、听下面的句子并选择正确答案

1. 现在，妹妹是我唯一的亲人了。
   问：说话人的家庭现在有几口人？（B）
   A. 一口　　　　　　　　　　B. 两口
   C. 三口　　　　　　　　　　D. 四口

2. 他咬着牙忍住痛，继续往前走。走着走着，突然眼前一黑，什么也不知道了。
   问：他怎么了？（B）
   A. 牙疼　　　　　　　　　　B. 晕过去了
   C. 到了一个黑的地方　　　　D. 不知道该说什么

3. 这个公司新推出的手机色彩鲜艳、功能很多，价格也不贵，受到了年轻人的热烈欢迎。
   问：这种手机怎么样？（C）
   A. 已经推出一段时间了　　　B. 颜色鲜艳，价格较贵
   C. 功能非常多　　　　　　　D. 年轻人和老人都喜欢

4. 什么？他醒过来了？这可真是医学上的一个奇迹！
   问：说话人的语气是？（B）
   A. 怀疑　　　B. 惊喜　　　C. 犹豫　　　D. 惋惜

5. 丈夫去世的时候，她整整哭了一天一夜，眼睛肿得像个桃子。
   问：下面哪个句子是不正确的？（B）

A. 她丈夫死了 B. 她哭了一个晚上
C. 她的眼睛哭肿了 D. 她很伤心

6. 你这孩子，翅膀长硬了，就要飞了是不是？大人的话你就不听了？
   问：说话人认为这个孩子怎么样？（C）
   A. 学习努力　　B. 想学飞行　　C. 不听话　　D. 年纪很小

7. 各位同事，今天大家聚在一起，庆祝新年。趁着这个机会，我代表公司向大家表示感谢，各位辛苦了！
   问：说话人可能是什么人？（A）
   A. 公司总经理　　B. 公司职员　　C. 医院院长　　D. 餐厅顾客

8. 糟糕，我电脑里的东西没保存，这一停电，什么都没了！
   问：下面的说法哪一种是不正确的？（D）
   A. 现在停电了 B. 他刚才在用电脑
   C. 他没保存电脑里的文件 D. 他的电脑没了

9. 听说以前的女朋友要结婚了，他心里很不是滋味儿。
   问：他的心情怎么样？（C）
   A. 高兴　　B. 愤怒　　C. 难受　　D. 着急

10. 他又不是傻子，怎么会不知道呢？只不过装作不知道罢了。
    问：说话人是什么意思？（C）
    A. 他很笨 B. 他可能不知道
    C. 他肯定知道 D. 他也许已经知道了

二、听下面的对话并选择正确答案

1. 女：对不起经理，我以后一定注意。
   男：偶然犯一次错误可以原谅，可你这都多少次了？
   问：男的是什么意思？（C）
   A. 可以原谅女的 B. 女的犯错误的次数不多
   C. 这次不能原谅女的 D. 让女的下次注意

2. 女：老板又打电话来催了。
   男：让他催去吧。催不催我都是这个速度。
   问：对于老板的电话，男的觉得怎么样？（D）
   A. 吃惊　　B. 着急　　C. 麻烦　　D. 无所谓

3. 女：只不过一个杯子罢了，小张怎么发那么大脾气？
   男：你别小看这个杯子，它可有三四百年的历史呢，起码也得四五万块钱，小张能不急吗？
   问：下面哪种说法是正确的？（D）
   A. 男的发了很大的脾气　　　　B. 男的觉得那个杯子很小
   C. 那个杯子有近三百年的历史　D. 那个杯子非常珍贵

4. 女：你觉得我穿这件衣服怎么样？
   男：嗯，让人顿时眼前一亮。
   问：男的是什么意思？（A）
   A. 女的穿这件衣服很好看　　B. 这件衣服颜色很亮
   C. 他的眼睛不舒服　　　　　D. 这件衣服马马虎虎

5. 女：你跟你们单位的李工程师熟吗？
   男：也就是见了面点点头罢了。
   问：男的跟李工程师的关系怎么样？（B）
   A. 根本不认识　B. 仅仅是认识　C. 比较熟悉　D. 好得不能再好了

6. 女：请问您付现金还是刷卡？
   男：刷卡吧。
   问：这个对话最可能发生在哪儿？（A）
   A. 收银台　　B. 服务台　　C. 银行窗口　　D. 挂号处

7. 女：听说你坐船去旅游的？怎么样？
   男：船上条件非常好，可以说跟五星级宾馆没有两样。
   问：下面哪个说法是正确的？（D）
   A. 男的住在五星级宾馆　　B. 那条船是五星级的
   C. 船上有个五星级宾馆　　D. 那条船的条件非常好

8. 女：怎么又涨价啊？三个月不到都涨两回了。
   男：大姐，我也没办法呀，就这样，我还赔钱呢。
   问：下面哪一种说法不正确？（B）
   A. 女的是顾客　　　　　　B. 三月涨了两次价了
   C. 男的是卖东西的　　　　D. 涨价后男的还不赚钱

9. 女：放假你怎么不出去玩玩儿啊？
   男：想想就头疼。花钱不说，到处都是人，挤也挤死了。

问：下面哪个不是男的不出去玩的原因？（A）

A. 头疼　　　　B. 怕花钱　　　C. 外面人太多　　D. 到处都很挤

10. 女：老先生，您爬山坚持了多长时间了？

男：退休以后我每天早上都来爬，到现在有十几年了。现在爬山已经成了我生活的一部分，就像吃饭睡觉一样。一天不爬，这心里就像少了什么似的。

问：关于男的，我们不知道什么？（D）

A. 已经退休了　　　　　　B. 大概七十多岁

C. 每天去爬山　　　　　　D. 常常心情不好

三、听短文做练习

1. 根据录音内容，选择正确答案

人间天堂——杭州

杭州位于浙江省东北部，离上海180多公里，是我国著名的七大古都之一，也是我国著名的风景旅游城市和历史文化名城。杭州历史悠久，至今已有2200多年历史。今天，杭州已经成为浙江省政治、经济和文化的中心。

杭州自然风景非常美丽，有山有水，年平均气温16.2℃，被称为"人间天堂"。杭州市中心的西湖，是国家级的风景名胜区，很多历史和传说故事都是在这里发生的。西湖景区总面积达59平方公里，有各级风景名胜一百多处，其中最著名的被称为西湖十景，每年都有无数的中外游客来这里游玩。

除了风景，杭州还有很多闻名中外的特产。西湖龙井茶被列为中国十大名茶的第一位。龙井茶茶叶颜色绿，味道香，形状美，喝到嘴里有淡淡的甜味儿。如果能用西湖旁边的虎跑泉的泉水来泡的话就更好了。除此之外，杭州的丝绸在中国也非常有名。杭州市有一条商业街是专门卖丝绸的，叫做中国丝绸城，它是中国最大的专业丝绸市场。

（1）关于杭州，下面哪个说法是正确的？（C）

A. 在浙江省的东边　　　　B. 有整整2000年的历史

C. 风景名胜非常多　　　　D. 全年最低温度是16.2℃

（2）关于西湖，下面哪个说法是不正确的？（B）

A. 在市中心　　　　　　　B. 是省级风景名胜区

C. 总面积不到60平方公里　D. 有十个景点最有名

（3）关于龙井茶，我们可以知道什么？（ B ）
　　A. 是中国四大名茶之一　　　B. 颜色非常绿
　　C. 泡出来的茶非常甜　　　　D. 只能用虎跑泉的水泡
（4）关于中国丝绸城，下面哪个说法是不正确的？（ A ）
　　A. 是一座城市　　　　　　　B. 专门卖丝绸
　　C. 位于杭州　　　　　　　　D. 是中国最大的专业丝绸市场

2. 根据录音内容，选择正确答案

孟姜女哭长城的故事

在秦朝的时候，有个善良美丽的女子，名叫孟姜女。一天，她正在家里做家务，突然发现他们家藏了一个人。她大吃一惊，正要叫喊，只见那个人不停地摆手，对她说："别喊别喊，救救我吧！我叫范喜良，我不是坏人。"原来当时秦始皇为了修长城，正到处抓人，已经不知饿死、累死多少人了！孟姜女很同情范喜良，就让他在家里住了下来。时间长了，两个年轻人就产生了感情。孟姜女的父母也喜欢这个小伙子，不久他们就准备结为夫妻。

婚礼那天，孟家来了满屋子的客人，大家都为这对新人祝福。眼看天快黑了，喝喜酒的人也都渐渐走光了，忽然闯进来一群人，要把范喜良抓去修长城。不论孟姜女怎么哭怎么求，他们还是把范喜良抓走了。孟姜女非常伤心，日夜想念着丈夫。后来她想：我与其坐在家里着急，还不如自己到长城去找他。对！就这么办！孟姜女立刻收拾收拾行李出发了。

一路上，也不知经历了多少困难，最后她终于到达了长城。工地上有很多工人，孟姜女找了好久，也没有找到丈夫。"你们这儿有叫范喜良的吗？"这句话她不知问了多少人。终于有人告诉她："有这么个人，但已经死了，埋在长城下面了！"

听到这个消息，孟姜女只觉眼前一黑，大哭起来。她整整哭了三天三夜，连天地都被感动了。天越来越阴，风越来越大，只听"哗啦"一声，一段长城被哭倒了，露出来的正是范喜良，孟姜女抱着他，眼泪滴在了他的脸上。她终于见到了自己心爱的丈夫，但是范喜良却再也看不到她了。

（1）孟姜女和范喜良是别人介绍认识的。　　　　（ × ）
（2）很多人因为造长城饿死、累死了。　　　　　（ √ ）
（3）孟姜女的父母不同意她跟范喜良结婚。　　　（ × ）

（4）举行婚礼前范喜良就被抓走了。　　　　　　（×）

（5）孟姜女到达长城的时候范喜良已经死了。　　（√）

（6）孟姜女把长城哭倒了。　　　　　　　　　　（√）

3. 根据录音内容，判断正误

景点涨价潮

贵阳的王先生打算"五一"带上家人到敦煌去游玩，但他准备报名参加旅行团时旅行社却告诉他，这个"五一"，旅行社不再组团去敦煌，原因是敦煌第一次实行淡旺季价格，门票由 120 元上涨到了 160 元。

"五一"快要到了，记者发现，国内旅游部分线路价格纷纷上涨，除了有机票价格上涨的原因以外，其中有很大因素是各景点门票价格的上涨。

4月份以来，包括泰山、崂山、敦煌等在内的很多著名景点，都提高了门票价格。如泰山门票上涨 35 元，孔庙等"三孔"景点上涨了 25 元，南京中山陵的价格上涨 20元。

因为票价上涨，旅行团团费也跟着提高。记者在贵阳几个大的旅行社看到，丝绸之路三飞二卧游价格已达 3980 元，比淡季高出 400 元。"景点涨价每年三、四月都会有一次，有些景点甚至连续涨价。"某旅行社的工作人员告诉记者，目前国内景点门票价格大概分为两种，一是大部分景点实行的单一票价，也就是全年价格不变；二是分为淡旺季价格，每年 3 月起使用旺季价，11 月起回到淡季价。而实行旺季价期间，景点门票价格平均上涨高达 20%至 30%。

（1）从去年"五一"开始敦煌景区门票涨价了。　　　（×）

（2）最近机票价格也提高了。　　　　　　　　　　　（√）

（3）泰山景区门票价格涨到了 35 元。　　　　　　　（×）

（4）丝绸之路线路淡季价格是 4380 元。　　　　　　（×）

（5）旺季指的是每年 11 月到第二年 3 月。　　　　　（×）

第六十三课　公平的工作机会

一、听下面的句子并选择正确答案

1. 他想尽了各种办法，可生意却始终那样，没有什么好转。

问：他的生意怎么样？（D）

A. 慢慢好起来了　　　　　　　　B. 以前好，现在不好

C. 以前和现在都很好　　　　　　D. 现在跟以前一样不好

2. 1月11日至17日，俄罗斯国家芭蕾舞团将在北京展览馆为我们带来著名芭蕾舞剧《天鹅湖》。

问：下面哪一项没有提到？（C）

A. 演出时间　　B. 演出地点　　C. 票价　　D. 演出者

3. 忙了一天，没挣着什么钱不说，还丢了100块钱，今天算是白干了。

问：说话人是什么语气？（C）

A. 高兴　　　　B. 激动　　　　C. 难过　　　　D. 犹豫

4. 这种地板质量达到了国际标准，很环保，贵是贵了点儿，可一分价钱一分货嘛。

问：说话人觉得这种地板怎么样？（D）

A. 不贵，但是不环保　　　　　　B. 不贵，质量又好

C. 质量好，但太贵　　　　　　　D. 质量好，值得买

5. 他是中秋节这天生的，那小名干脆就叫中秋吧。

问：说话人在做什么？（C）

A. 过中秋节　　B. 准备节日礼物　　C. 给孩子起名　　D. 给孩子过生日

6. 她一个女人，上有老，下有小，里里外外都靠她一个人，可真不容易。

问：说话人是什么语气？（A）

A. 佩服　　　　B. 批评　　　　C. 商量　　　　D. 担心

7. 他们一表演完，观众们就热烈地鼓起掌来。

问：他们表演得怎么样？（A）

A. 非常好　　　B. 一般　　　　C. 比较差　　　D. 非常失败

8. 老张女儿出国了。这个消息在厂里引起了不小的震动。

问：厂里的人听了这个消息后觉得怎么样？（B）

A. 很高兴　　　B. 很吃惊　　　C. 很紧张　　　D. 很麻烦

9. 如果政府再不对这种浪费现象加以控制，那么不久的将来我们将面临缺水的危险。

问：说话人认为政府怎么样？（B）

A. 正在控制这种浪费现象　　　　B. 应该对这种浪费现象进行控制

C. 应该解决现在缺水的问题　　　D. 应该解决将来缺水的问题

10. 由市政府和东方公司共同组织的老年人舞蹈大赛昨天成功举行。

　　问：关于这次比赛，下面哪个说法是错误的？（C）

　　A. 由两个单位一起组织的　　　B. 参加比赛的是老年人

　　C. 是一次唱歌比赛　　　　　　D. 取得了成功

二、听下面的对话并选择正确答案

1. 女：你这台破电脑，都修了多少次了，干脆换台新的吧。

   男：那哪儿行啊？它都陪我好几年了，有感情了。

   问：男的是什么意思？（B）

   A. 问女的在哪儿可以买新电脑

   B. 他喜欢这台电脑，所以不想换

   C. 这台电脑修修还可以用，不用换

   D. 这台电脑很破，的确该换了

2. 女：有什么我能做的你尽管开口。

   男：好啊，那我先谢谢你了。

   问：从对话可以知道什么？（D）

   A. 女的帮了男的　　　　　　　B. 女的让男的把嘴张开

   C. 男的在想怎么感谢女的　　　D. 男的愿意接受女的帮助

3. 女：真对不起，我不是故意的。

   男：对不起就完啦？你是怎么开车的？你看灯都给你撞坏了，你说怎么办吧。

   问：这个对话可能发生在哪儿？（A）

   A. 马路上　　B. 警察局　　C. 医院　　D. 商店

4. 女：你耳朵聋啦，我怎么叫你那么多声你也不理我。

   男：什么话啊。我这不听音乐呢嘛。

   问：男的为什么不理女的？（C）

   A. 耳朵聋了　　B. 在说话　　C. 没听见　　D. 生女的气

5. 女：这两年心理诊所越来越火了，你说怎么那么多人有心理问题啊？

   男：唉，城市生活节奏太快，现代人压力太大了，要是不能适当地缓解压力，
   　　就很容易出现心理问题。

   问：男的认为下面哪个不是人们出现心理问题的原因？（A）

   A. 不去心理诊所　　　　　　B. 城市生活节奏太快

C. 现代人压力太大　　　　　　D. 没有合适的方法缓解压力

6. 女：学艺术？艺术能当饭吃？不行！
   男：文文的脾气你也不是不知道，你是阻止不了的。
   问：下面哪个说法是不正确的？（D）
   A. 女的不想让文文学艺术　　　B. 女的觉得学艺术找不到工作
   C. 男的很了解文文的脾气　　　D. 文文可能不学艺术了

7. 女：请问您为什么选择在中国投资？
   男：中国经济发展迅速，人口多，我非常看好中国市场。
   问：男的在中国投资的主要原因是什么？（B）
   A. 喜欢中国市场　　　　　　　B. 中国市场很有发展前途
   C. 中国市场很大　　　　　　　D. 观察一下中国市场

8. 女：我出差这段时间我们家孩子多亏了您照看。
   男：瞧你说的，远亲不如近邻嘛，谁让咱们门对门呢？
   问：男的和女的是什么关系？（C）
   A. 朋友　　　B. 亲人　　　C. 邻居　　　D. 同事

9. 男：我们家大事儿都由我来决定，小事儿都由我老婆决定，不过我们家到现在还没发生过什么大事儿。
   女：看来你自己还觉得是一家之主吧。
   问：男的家的事儿都由谁来决定？（B）
   A. 男的　　　B. 男的妻子　　　C. 男的和他妻子　　D. 女的

10. 男：请问，3号床的病人去哪儿了？
    女：她的病情有所好转，已经转到普通病房去了。
    问：下面哪个说法是错误的？（D）
    A. 女的可能是护士　　　　　　B. 3号床病人原来病得很重
    C. 这里不是普通病房　　　　　D. 3号床病人已经出院了

三、听短文做练习

1. 根据录音内容，选择正确答案

送礼的学问

中国人去朋友家做客，一般都不会空手去，而要带一些礼物。那么带什么礼物呢？

这里面还是有点儿讲究的。如果是去看病人，可以选择鲜花、水果或者营养品；如果是看望长辈或老人，也可以带一些水果、点心什么的。如果朋友家里有孩子，可以选一些能够给孩子增加知识、培养孩子兴趣的礼物，比如图书或者玩具什么的。如果是送给外国朋友，就可以选一些有中国特点的礼物，像丝绸、茶叶，他们都会很喜欢。

要注意的是，有一些东西是不能随便送的。比如，不能给老人送钟，因为，钟的发音跟"终结"的"终"相同，在汉语里那代表着死亡。不能给一对夫妻或男女朋友送梨，因为"梨"的发音跟"分离"的"离"一样。另外，给健康人送药品也是应该避免的。

此外，中国人还有"好事成双"的说法，因而如果是大喜的事情，送的礼物的数量一般都是双数。

（1）如果看病人，带什么礼物比较好？（A）
  A. 营养品 B. 书 C. 丝绸 D. 药品

（2）给孩子最好送什么礼物？（C）
  A. 水果 B. 点心 C. 图书 D. 鲜花

（3）如果送外国朋友，什么礼物比较好？（C）
  A. 水果 B. 玩具 C. 中国画儿 D. 鲜花

（4）什么礼物不可以送给老人？（B）
  A. 茶叶 B. 钟 C. 点心 D. 手机

2. 根据录音内容，选择正确答案

盲博士学成回国

  安徽的李言在上大三那年，眼睛得了一种很难治的病，不久他的两只眼睛都看不见了。但是他并没有因此而失去对生活的信心。一次他从收音机里听到美国一家盲校将在中国开办分校，免费教英文，于是他报名成为这个学校的一名学生。后来经过努力，他得到了去日本留学的机会，成了中国第一个获得奖学金去日本留学的盲人。1999年6月，李言又一个人来到美国，攻读医学博士。他在美国读书，开始并没有奖学金，不得不一边学习一边打工挣生活费。2004年4月，他获得国家优秀自费留学生奖学金，是全世界中国自费留学生中第一个获得奖学金的残疾人。经过几年刻苦的学习，今年李言终于顺利毕业了。目前他正在办理回国手续。他说，回国想做的事太多了：要把在日本和美国学到的知识相结合，推出一种更新更有效的治疗方法；他想用自己学到的多个国家的盲文知识，改进中文盲文系统，从而帮助更多的盲人学习和更好地适应社会。

(1) 李言是什么时候眼睛看不见的？（D）
　　A. 出生时　　B. 上小学时　　C. 上中学时　　D. 上大学时
(2) 关于那个美国学校，下面哪个说法是正确的？（B）
　　A. 学生只能在美国学习　　　B. 教盲人英文
　　C. 学费很便宜　　　　　　　D. 李言去那儿教英文
(3) 关于李言，下面哪个说法是正确的？（D）
　　A. 自费去日本留学　　　　　B. 美国的大学给了他奖学金
　　C. 是第一个获得奖学金的残疾人　D. 今年博士毕业了
(5) 下面哪个不是李言回国以后想做的事情？（A）
　　A. 继续学习　　　　　　　　B. 推出新的治疗方法
　　C. 改进盲文系统　　　　　　D. 帮助更多的盲人

3. 根据录音内容，判断正误

为什么跑步总是沿着逆时针方向

人们在跑步的时候一般都是沿着逆时针方向绕着操场跑，在正式的跑步比赛中也规定，200米以上的项目，运动员要向左转弯。这是为什么呢？对此，人们给出了各种解释。

第一种说法是，因为心脏在身体左边，所以人的重心比较靠左。跑、跳等动作也是由左脚开始。由于重心在左边，所以向左转弯比较容易。

另一种说法是，人类的脚，左脚起支持作用，右脚起运动作用。因为重心靠左，所以用右脚来推地增加速度。一般来说，右手和右脚比左手左脚力气大。因而足球运动员大多用右脚踢球，跑步时力气大的右脚在外面。让一个人把眼睛闭起来然后走直线，其中十有八九的人会慢慢向左弯，这也是右脚力气大的原因。

美国生活科学网站给出的解释是，人类习惯用右手的占大多数，沿逆时针方向对这些人比较方便，右脚在前，左边的身体更舒服，力气更大，更容易保持平衡。

(1) 正式的比赛中，100米以上的项目，运动员要向左转弯。　（×）
(2) 人类跑、跳等动作都由右脚开始。　　　　　　　　　　　（×）
(3) 人类的右脚起支持作用，左脚起运动作用。　　　　　　　（×）

(4) 眼睛闭起来的时候,人们会不知不觉往左走。　　　　　　(√)

(5) 沿逆时针方向跑步可能更容易保持平衡。　　　　　　　　(√)

第六十四课　任何事情都有正反两面

一、听下面的句子并选择正确答案

1. 他们一连跑了七八家店,都说只有中号或小号,没有大号的了。他们只好打电话给厂家碰碰运气。

    问:他们想要什么号的? (C)

    A. 小号　　　　B. 中号　　　　C. 大号　　　　D. 都要

2. 我把你招进公司来,是顶着巨大的压力的,你要好好干,不要让我失望。

    问:关于说话人,下面哪一个说法是正确的? (A)

    A. 可能是公司的经理　　　　B. 工作压力很大

    C. 工作不顺利　　　　　　　D. 现在很失望

3. 这套课外书跟目前比较流行的小学生读物不一样,主要训练孩子动手动脑的能力。

    问:关于这套书,下面哪一项的说法是正确的? (D)

    A. 现在很流行　　　　　　　B. 对象是所有孩子

    C. 是孩子们上课用的　　　　D. 训练小学生的动手动脑能力

4. 因为时间的关系,我们今天的会就开到这儿吧,散会。

    问:说话人主要是什么意思? (D)

    A. 时间还太早　　　　　　　B. 现在已经很晚了

    C. 他们现在开始开会　　　　D. 会议现在结束

5. 辛苦了一年,好不容易才有这么十天的假期,怎么说也得玩个痛快!

    问:说话人的意思是什么? (C)

    A. 最近太辛苦了　　　　　　B. 假期太短了

    C. 要好好玩儿　　　　　　　D. 该说些什么

6. 她呀,最喜欢这些花花草草的了,一看到卖花的就走不动了。

    问:关于她,我们知道什么? (C)

    A. 是卖花的　　　　　　　　B. 看到花就累了

C. 看到卖花的就想买　　　　　D. 想跟卖花的一起走

7. 她刚办健身卡的时候,每天都来;第二个月开始,隔一天来一次;到了第三个月,隔三五天才来一次;再后来,我就没在健身房里见过她了。

    问:第二个月她多长时间去一次健身房? (B)

    A. 每天　　　　B. 每两天　　　　C. 每三天　　　　D. 每五天

8. 这段时间他一回家就把自己锁在房间里,谁叫也不出来,连晚饭也不吃,真猜不透他想要干什么。

    问:从这句话我们知道什么? (D)

    A. 他总是不想吃午饭　　　　　B. 他从早到晚在房间里待着

    C. 大家都在猜他想要做什么　　D. 说话人不知道他想要做什么

9. 同学们,听好了,请按从高到矮的顺序排好队。

    问:如果张明是他们班最高的同学,他应该站在什么位置? (A)

    A. 第一个　　　B. 第二个　　　C. 中间　　　D. 最后一个

10. 除非有人陪着你游,否则你绝不能一个人游。

    问:说话人是什么意思? (C)

    A. 你完全不会游泳　　　　　　B. 你可以一个人游泳

    C. 你必须跟别人一起游泳　　　D. 你可以找别人陪你游泳

二、听下面的对话并选择正确答案

1. 女:书上不是写得清清楚楚吗?你按照上面写的一步一步做不就行了吗?

    男:说起来容易做起来难,不信你试试。

    问:男的是什么意思? (A)

    A. 这件事很难做　　　　　B. 书上说得很容易

    C. 你为什么不相信我　　　D. 你是不是想试一试

2. 女:请问您要怎么剪?

    男:后边儿和耳朵这儿剪短一点儿,前边儿稍微修一修就行了。

    问:女的是做什么工作的? (B)

    A. 花匠　　　　B. 理发师　　　　C. 工程师　　　　D. 修理工

3. 男:你怎么了?刚才怎么大叫了一声?不是哪儿受伤了吧?

    女:刚才一只老鼠跑过去了。

    问:女的为什么大叫? (C)

A. 受伤了　　　　B. 看到男的了　　C. 看到一只老鼠　D. 嗓子不好

4. 男：大热天的，你怎么穿长袖衣服啊？不难受啊？

    女：刚从海南旅行回来，皮肤被晒伤了。

    问：下面哪个说法是正确的？（A）

    A. 现在天气很热　　　　　　　B. 女的喜欢穿长袖衣服

    C. 男的刚从海南回来　　　　　D. 女的有皮肤病

5. 女：你爸最近好像跟换了个人似的。

    男：可不，刚退休那会儿不习惯，每天闷在家里一句话也不说。自从打上太极拳以后，好像一下子年轻了十几岁。

    问：关于男的爸爸，我们知道什么？（D）

    A. 刚刚换了工作　B. 刚刚退休　　C. 不喜欢说话　D. 比以前精神多了

6. 女：您好！205号很高兴为您服务。

    男：你好，我想查一下公交总公司的电话号码。

    问：女的可能是什么人？（B）

    A. 餐厅服务员　　B. 查号台小姐　　C. 医院护士　　D. 银行职员

7. 男：你们俩都谈了多少年恋爱了？怎么老拖着不结婚哪？

    女：感情在，不结也没关系；感情没了，结了，那张纸也管不了什么用。

    问：关于女的，下面哪一种说法不正确？（D）

    A. 谈恋爱谈了很长时间　　　　B. 还没有结婚

    C. 觉得感情比结婚更重要　　　D. 和男朋友已经没有感情了

8. 女：我们这里一般不打折，除非是金卡的客人才可以打九五折。

    男：要消费多少才可以得到金卡？

    问：下面哪一个说法是正确的？（C）

    A. 女的要给男的打九五折　　　B. 有金卡的话可以打五折

    C. 男的现在没有金卡　　　　　D. 男的不打算办金卡

9. 女：想开点儿吧。做生意哪有光挣钱不赔钱的。

    男：唉，我算是看透了，现在的社会，就算是朋友，也不能随便相信。

    问：下面哪句话是不正确的？（C）

    A. 女的在安慰男的　　　　　　B. 男的做生意赔了钱

    C. 男的看见他的朋友了　　　　D. 男的可能被朋友骗了

10. 女：这次出国一去就是两年，中间还不能回来，你女儿还那么小，你爱人工作又那么忙，你可要想清楚。

男：这是工作，我想他们都会理解的。

问：男的是什么意思？ （D）

A. 还没想清楚　　　　　　B. 女儿太小，不能去

C. 觉得家人肯定不同意　　D. 家人会支持他

三、听短文做练习

1. 根据录音内容，选择正确答案

风筝的故事

风筝是中国传统的工艺品，放风筝也是人们喜欢的一种游戏。那么你知道风筝是什么时候发明的吗？

实际上中国最早的风筝是木头做的。大概2500年以前，一个叫墨子的人用了三年的时间做成了一只木鸟，飞上了天空，不过只飞了一天就坏了。这只木鸟就是中国最早的风筝。后来，墨子把做风筝的手艺传给了他的学生鲁班。鲁班改进了墨子的设计，用竹子来做风筝。他把竹子劈成细细的条儿，用火烤弯，也做成鸟的形状。传说，这个风筝在天上飞了长达三天的时间。纸发明了以后，人们才开始用纸做风筝。

那么风筝有什么作用呢？最初，风筝是一种军事工具，可以用来测试风的方向、给远处的人传消息等等。不过还有人认为，以前的人发明风筝主要是为了纪念去世的亲人和朋友，让风筝把对他们的想念带给他们。

根据历史学家的研究，10世纪的时候，风筝从中国传到了韩国，然后到了日本。13世纪意大利人马可·波罗从中国回到欧洲后，风筝才开始在西方传播开来。美国也有放风筝的故事，当时的人们以为雷和闪电是上帝在大发脾气，而富兰克林利用风筝，证明了电的存在。

（1）用来做风筝的主要材料的顺序是下面哪一个？ （A）

　　A. 木头、竹子、纸　　　　B. 竹子、木头、纸

　　C. 纸、木头、竹子　　　　D. 竹子、纸、木头

（2）关于鲁班做的风筝，下面哪一点短文没提到？ （A）

　　A. 花了三年才做出来　　　B. 在墨子设计的基础上做的

　　C. 主要材料是竹子　　　　D. 在天上飞了三天

(3) 下面哪个不是中国风筝的作用？ (D)
　　A. 测试风的方向　　　　　　B. 给远处的人传消息
　　C. 纪念去世的亲人和朋友　　D. 证明电的存在

(4) 风筝是什么时候传到欧洲的？ (C)
　　A. 2500年前　　B. 10世纪　　C. 13世纪　　D. 20世纪

2. 根据短文内容判断正误

懒与发明

很多人都觉得勤快比懒好。可是，有的时候懒还有很大的作用呢！你看动物里面，世界上最长寿的动物是乌龟，它们一辈子几乎不怎么动，就趴在那里，结果能活一千年。它们懒得走，但和喜欢跑步的兔子比赛，谁赢了？

不仅动物，人也是这样的。有很多发明都是懒人搞出来的。不信你看，因为懒得爬楼，于是他们发明了电梯；由于懒得走路，于是他们制造出汽车、火车和飞机；懒得每次去计算，于是他们发明了计算器；懒得出去听音乐会，于是他们发明了CD。

当然，以上只是一些玩笑话，是为了说明这些发明给人们的生活提供了多么大的方便，真正的发明家的确是需要付出比别人多几倍、几十倍甚至几百倍的汗水才能得到成功的。爱迪生发明电灯的时候就是做了无数的实验才成功的，当时为找到合适的材料，他甚至试过朋友的胡子。所以他才说出那句著名的话："天才就是99%的汗水加上1%的灵感。"

(1) 世界上最长寿的动物是乌龟。　　　　　　　　　　　　(√)
(2) "懒得爬楼"的意思是懒人都不喜欢爬楼。　　　　　　(×)
(3) 说话人认为懒比勤快好。　　　　　　　　　　　　　　(×)
(4) 发明家都是一些懒人。　　　　　　　　　　　　　　　(×)
(5) 电灯的发明是经过了无数次的实验以后才成功的。　　 (√)

3. 根据录音内容，选择正确答案

生日报纸

一位男子在一家废品回收公司工作。每天，他喜欢在废品堆里翻翻那些发黄的旧报纸。一天，他发现一张上世纪60年代的报纸，上面的日期竟然是他的生日！他兴奋得不行。一位同事说："既然这样，这张报纸你就拿回去作纪念吧。"

拿着这张发黄的特殊报纸，这位男子非常激动，真是太难得了，没想到40多年后还能看到自己出生时的报纸，还能知道那一天世界上发生了什么大事！

妻子的生日快到了，男人正在发愁送她什么礼物，衣服、鞋子、包什么的太贵了，突然他又想到了那些旧报纸。果然，妻子生日那天，这份特殊的礼物令她惊喜不已。这个男人想，我为什么不利用这些旧报纸去开创自己的生意呢？如果把这些旧报纸当作生日礼物送给过生日的人，他们一定会有一份特别的感动。

男子为自己的这一"发现"激动不已。他先到街上去做市场调查，他想先把这种特别的"生日礼物"放到那些礼品店里卖。当他向那些礼品店老板说明自己的想法后，那些老板觉得这确实是一件非常新鲜的事情，都愿意跟他合作。

令男子没想到的是，他的旧报纸"上市"后，获得了大家的欢迎，每天有很多人来买。于是他干脆辞了职，专心开起了他"生日报纸"礼品店。凭着那些发黄的报纸，他获得了成功，在两年的时间内，他开了三家店，每月可以挣上万元。

（1）这名男子原来在哪儿工作？（A）

　　A. 废品回收公司　　　　B. 报社

　　C. 礼品店　　　　　　　D. 报刊亭

（2）这名男子大概多大年纪？（C）

　　A. 20多岁　　B. 30多岁　　C. 40多岁　　D. 50多岁

（3）这名男子送他妻子什么生日礼物？（D）

　　A. 衣服　　B. 鞋子　　C. 包　　D. 旧报纸

（4）下面哪个说法是正确的？（D）

　　A. 礼品店的老板不愿意跟他合作

　　B. 开始的时候，他的生意不太红火

　　C. 他一边工作，一边开生日报纸礼品店

　　D. 他凭着旧报纸取得了成功

第六十五课 复习(十三)

一、听下面的句子并选择正确答案

1. 别说一只鸡了,现在有一头牛我也吃得下。
   问:说话人是什么意思?(C)
   A. 他已经吃了一只鸡   B. 他想吃牛肉
   C. 他现在很饿   D. 他吃得很多

2. 今天早上睡过头了,我想趁老师不注意偷偷从后门进去,可后门偏锁起来了。
   问:从这句话我们不知道什么?(C)
   A. 他今天早上有课   B. 他今天早上起晚了
   C. 老师没发现他迟到   D. 后门锁上了

3. 这次考试时间太紧张了,还有二十五分钟的时候我还有一个翻译题和一篇作文没写,最后差点儿没做完。
   问:下面哪个说法是正确的?(D)
   A. 考试的时候他很紧张   B. 考试时间还剩下二十五分钟
   C. 结束时他还有一篇作文没做 D. 他把所有试题都做完了

4. 办公室现在就这一把钥匙,公司的重要材料都在里面呢。你可千万别弄丢了,丢了麻烦就大了。
   问:说话人是什么意思?(B)
   A. 不能给你这把钥匙   B. 你不要把钥匙弄丢了
   C. 钥匙是怎么丢的   D. 你现在有麻烦了

5. 这个问题就算张明今天不告诉他,以后也肯定会有人告诉他的。
   问:从这句话我们知道什么?(A)
   A. 张明今天告诉他了   B. 张明以后会告诉他
   C. 别人今天告诉他了   D. 别人以后会告诉他

6. 我星期六在办公室加了一上午班,总算把手上的事情处理完了。正好赶得上去参加儿子下午的家长会。
   问:从这句话我们可以知道什么?(C)
   A. 他星期六一天都在办公室里 B. 他帮助别人把事情做完了
   C. 家长会在下午开   D. 他的儿子下午要开会

7. 我们还是挂专家号吧,专家经验丰富,比较让人放心。再说比普通号也贵不了多少钱。

   问:下面哪个说法是不正确的?(B)

   A. 说话人可能在医院　　　　　　B. 说话人是医生

   C. 他们可能挂专家号　　　　　　D. 专家号比普通号贵一点儿

8. 跟你分手是他的损失,你何必跟自己过不去呢?人是铁,饭是钢,你多少吃一点儿吧。

   问:说话人是什么意思?(B)

   A. 你的损失很大　　　　　　　　B. 你不应该不吃饭

   C. 你要吃多少饭　　　　　　　　D. 你应该高兴一点

9. 现在连博士进大学工作都不那么容易了,更别说本科生了。

   问:博士和本科生进大学工作的情况如何?(D)

   A. 博士很容易　　B. 博士很困难　　C. 本科生较容易　　D. 本科生非常困难

10. 说话是要讲究艺术的。比如顾客在商场试衣服的时候,有的试衣间里贴着"请不要把口红弄到我们的衣服上",而有的试衣间里贴的是"不要让我们的衣服弄花了您的口红"。同样一件事情,不同的说法,听的人感觉是不同的。

    问:下面哪个说法是不正确的?(D)

    A. 说话要注意方法　　　　　　　B. 第一种说法是站在商家的角度

    C. 第二种说法是站在顾客的角度　D. 不同的说法给听话人的感觉是一样的

二、听下面的对话并选择正确答案

1. 女:天太晚了,我们明天再去拜访张先生,你看怎么样?

   男:我没意见。

   问:男的是什么态度?(A)

   A. 同意　　　　B. 反对　　　　C. 拒绝　　　　D. 犹豫

2. 女:来上辅导班的人不少吧?

   男:少说也有百八十个呢。

   问:男的是什么意思?(B)

   A. 很多,差不多有八十个　　　　B. 很多,差不多有一百个

   C. 很少,只有差不多八十个　　　D. 很少,最多有一百个左右

3. 女：他要辞职的时候我就让他再考虑考虑，他偏不听。这下好了，旧工作没了，新工作也找不到，就在家歇着吧。

男：这才几天啊，你着什么急啊。在儿子面前你千万别说这话啊，不然他会有压力的。

问：从对话中我们不知道什么？（D）

A. 儿子最近刚辞职　　　　　B. 儿子还没有找到新工作

C. 女的很为儿子着急　　　　D. 男的给女的很大压力

4. 女：打了那么多电话你都不接，还以为你出事儿了呢，差点儿给你吓出心脏病来。

男：能出什么事儿啊，开车的时候当然不好接电话了。

问：从对话我们可以知道什么？（A）

A. 女的打了很多电话　　　　B. 女的有心脏病

C. 男的出事儿了　　　　　　D. 男的现在在开车

5. 女：小张这个人糊里糊涂的，一出门就迷路，东西南北都分不清楚。

男：可他记忆力好啊。什么电话号码看过一遍就不会忘记。

问：关于小张，我们可以知道什么？（D）

A. 脑子比较笨　　　　　　　B. 眼睛不太好

C. 知道所有人的电话号码　　D. 记性非常好

6. 女：你不是说你不会喝酒的吗？

男：领导敬的酒，不会喝也得喝啊。

问：男的是什么意思？（C）

A. 我的确没喝酒　　　　　　B. 我敬领导酒了

C. 我只好把酒喝了　　　　　D. 我真的不会喝酒

7. 女：这次公司的培训你怎么没参加？

男：得有三年以上工作经验的经理才能参加，我资格还不够。

问：关于男的，我们知道什么？（D）

A. 不想参加公司培训　　　　B. 已经工作三年多了

C. 现在是经理　　　　　　　D. 不能参加培训

8. 女：你看起来脸色不错，恢复得挺快的嘛。

男：自从住院以来，每天生活非常有规律，又不用熬夜了，自然好得快。

问：关于男的，我们可以知道什么？（A）

A. 病好多了　　　　　　　　B. 已经出院了

C. 生活一直很有规律　　　　　　D. 最近常常熬夜

9. 女：我想问一下，学习结束后发毕业证书吗？
   男：只有本科学生才有毕业证书，不过我们会给你开一个学习证明。
   问：关于女的，我们可以知道什么？（D）
   A. 学习已经结束了　　　　　　B. 是本科学生
   C. 有毕业证书　　　　　　　　D. 能拿到学习证明

10. 女：你听说了吗？那家药厂的药品被查出有质量问题了。他们还是百年老厂呢！
    男：这些生意人心真黑。药他们也敢做假，简直是拿别人的生命开玩笑。
    问：男的是什么意思？（C）
    A. 那家药厂有很长的历史　　　B. 那家药厂的药都有问题
    C. 那些生意人不该这样做　　　D. 那些生意人在开玩笑

三、听短文做练习

1. 根据录音内容，选择正确答案

"一碗汤"的距离

我很年轻的时候就离开家自己生活，跟父母在一起的时间很少。于是，当我又回到家乡工作的时候，我一点也没有犹豫，就选择了和父母住在一起。

开始时，我们相处得非常好，我恨不得把这些年的酸甜苦辣都告诉他们，而父母也想着办法做我最爱吃的东西。然而，一个多月后情况开始起了变化。

最初的小矛盾是起居时间不同引起的。他们习惯了早睡早起，而我喜欢晚上熬夜工作，那个时候特别安静，我灵感最多。父母其实是心疼我，他们常常一遍遍地催我早点关灯睡觉，催多了，不免会干扰到我的工作，有时我就烦了，说两句不太好听的话，结果第二天我得忙着给他们道歉。

除此以外，还有在吃饭习惯、生活态度、消费观念等方面也有很多的不同，这常常让我们产生一些不愉快。我没想到，分开的时候互相想念，住在一起却反而没有了想象中的那么温暖。

我想起了以前在书上看过的一种说法，就是父母与子女之间最好保持"一碗汤"的距离，即不要太远，也不要太近，最好以送过去一碗汤而不会凉为标准。离得太远，没有办法互相照顾；没有距离，又会产生很多的矛盾。"一碗汤"的距离，正好能解决这个问题。

于是，我和父母谈了一次，谈到了关于"一碗汤"的建议，提出想在附近找个房子自己住，我本以为父母会不高兴，没想到他们很快同意了我的想法。看来，他们也需要自己的生活空间，只是他们没有说。

现在的我，就住在离父母几百米远的另一间房子里，我们常常打电话。我有时会给父母买一大包营养品送去，父母有时会把煮好的汤、做好的菜送来，我们在"一碗汤"的距离里相互关心。

(1) 在一起住的日子里，说话人跟父母相处得怎么样？（A）

  A. 开始时很好，后来有一些矛盾

  B. 开始时有一些矛盾，后来越来越好

  C. 一直很好

  D. 一直不愉快

(2) 说话人和父母在哪些方面不一样？（B）

  A. 睡觉时间、吃饭习惯、工作态度

  B. 睡觉时间、吃饭习惯、生活态度

  C. 吃饭时间、睡觉习惯、生活态度

  D. 吃饭时间、睡觉习惯、工作态度

(3) "一碗汤"的距离大概是走多长时间？（B）

  A. 一分钟 B. 十分钟 C. 半天 D. 一天

(4) 对于说话人的建议，父母是什么反应？（B）

  A. 很不高兴 B. 马上同意了

  C. 什么都没说 D. 非常难过

(5) 现在说话人跟谁一起住？（C）

  A. 仍然跟父母一起住 B. 跟朋友一起住

  C. 自己单独住 D. 有时自己住，有时跟父母住

2. 根据录音内容，判断正误

陶行知的四块糖

教育家陶行知先生曾经在一所学校当校长。有一次，他看到一个男生正在打另一个男同学，就急忙阻止他，并让他到校长室等着处理。等他回到办公室，那位男生早

已等在那里。陶先生掏出一块糖给他，说："这是奖励你的，因为你按时来了。"接着，陶先生又拿出一块糖给他，说："这也是奖给你的，我不让你打人，你立即住手了，说明你尊重我。"这位男生半信半疑地接过糖。陶先生又说："我向刚才在旁边的同学了解了，你打同学是因为他欺负女同学，说明你有正义感。"于是陶先生掏出第三块糖给他。这时，男生哭了，他对陶先生说："校长，我错了。同学再不对，我也不该打他。"陶先生高兴地拿出第四块糖，说："你认错，再奖励你一块，我的糖没有了，我们的谈话也该结束了。"

在这个看起来非常恶劣的打架事件中，陶行知先生给学生的是自尊和自信，让学生自己评价自己，进行自我教育，收到了很好的教育效果，这是非常值得我们学习的。

（1）陶行知阻止了两个学生打架。　　　　　　　　（√）
（2）被打的男生在办公室等陶行知。　　　　　　　（×）
（3）陶行知给那个男生第二块糖是因为他很听话。　（√）
（4）第三块糖是因为他打对了人。　　　　　　　　（×）
（5）第四块糖是因为谈话结束了。　　　　　　　　（×）
（6）陶行知没有批评学生却收到了教育学生的效果。（√）

3. 根据录音内容，回答问题

中国的婚姻风俗

古时候，中国人的婚姻基本上是由父母包办的，通常是在还小的时候父母就给订了婚，有的还是指腹为婚，意思是孩子还没出生，两家的父母就把他们的婚姻关系定下来了。由于古时候女孩子一般不能随便出门，有些夫妻是结婚那一天才第一次见面的。当然，随着社会的发展，包办婚姻越来越少了，现在的年轻人都是自由恋爱结婚。不过在结婚时很多传统的风俗仍然保留了下来。

早在婚礼之前半年，双方的父母就要坐下来商量结婚的日子，这叫做选日子。婚礼的日子一定要非常吉利，最好是双数，当然，如果是一些特别的纪念性的日子，单数也没有关系。然后，男方要到女方家去拜访，送给女方父母一些钱或者比较贵重的礼物，感谢他们把女儿养大。婚礼那天，新郎要带着一些人去新娘的家里接新娘，而这时一些新娘的朋友会故意出一些难题难一难新郎，直到新郎给他们一些喜钱才让他通过。举行婚礼的时候，新郎新娘要给双方的父母磕头，双方的父母会给他们一个红包,叫做改口费,从此以后就要改叫爸爸妈妈了。改口费有的地方给1001,或者10001,意思是千里挑一或者万里挑一。结婚后三天,新郎带着新娘回新娘家,这叫做回门,到这里,婚礼的全部过程才算是结束了。

  (1)"指腹为婚"是什么意思?
  (2)选日子的时候有什么讲究?
  (3)改口费在什么时候给新郎新娘?
  (4)婚礼什么时候算是真正结束?

答案提示:
  (1) 意思是孩子还没出生,两家父母就把他们的婚姻关系定下来了。
  (2) 一定要非常吉利,最好是双数。
  (3) 新娘新郎给父母磕头的时候。
  (4) 回门的时候。

第六十六课　面试很重要

一、听下面的句子并选择正确答案

1. 本店从今天起所有鞋类、服装一律八折,欢迎前来购买。
  问:关于打折商品,下面哪个没提到?　(C)
  A. 皮鞋　　　B. 裙子　　　C. 帽子　　　D. 运动裤

2. 面试时不要紧张,听清楚问题,知道的就回答,不知道的就不回答。
  问:说话人认为面试时应该怎么样?　(D)
  A. 问多少就回答多少　　　B. 要马上回答出来
  C. 问什么回答什么　　　　D. 能回答的就回答

3. 听说新来的经理喜欢鸡蛋里挑骨头,我们做事仔细点儿,不要被他抓到毛病。
  问:新来的经理怎么样?　(B)
  A. 做事很仔细　　　　B. 喜欢挑毛病
  C. 喜欢吃鸡蛋　　　　D. 常常找人做事

4. 这么好的机会你还想放弃?随你的便吧。
  问:说话人是什么语气?　(A)

A. 生气   B. 高兴   C. 担心   D. 不在乎

5. 人的一生中总是会遇到一些挫折，重要的是摔倒了要能爬起来。

   问：遇到挫折以后，什么是最重要的？（C）

   A. 赶快往前爬   B. 小心不要再摔倒

   C. 克服困难继续前进   D. 避免再遇到挫折

6. 正在法国举办的戛纳国际电影节，不时刮起"中国风"。

   问：从这句话我们可以知道什么？（D）

   A. 正在举办法国电影节   B. 电影节放了有关"中国风"的电影

   C. 电影节期间常常刮风   D. 不少中国电影参加了电影节

7. 他年轻时喜欢打打球、游游泳，现在以读书为一大乐趣，偶尔也和别人下一两盘棋。

   问：现在他最喜欢做什么？（B）

   A. 下棋   B. 看书   C. 游泳   D. 打球

8. 真拿小王没办法，我反复说了很多遍了，可他总是左耳进，右耳出。我再也不想多说了。

   问：小王这个人怎么样？（C）

   A. 没办法和别人说话   B. 喜欢用左耳听别人说话

   C. 不把别人的话放在心上   D. 做事容易反复

9. 我今年就要大学毕业了，已经参加了好几场招聘会，发现现实和理想差得太远了，我正为今后干什么头疼呢。

   问：这句话告诉我们说话人的情况怎么样？（D）

   A. 现在身体不舒服   B. 是大学三年级的学生

   C. 现实和他想的差不多   D. 还没有找到工作

10. 王丽，小李临时有事，来不了了。她怕会议接待人员不够，就让我过来帮忙，有什么要我做的，你就吩咐吧。

    问：从这段话我们可以知道什么？（C）

    A. 小李过一会儿就来   B. 小李很怕开会

    C. 王丽参加会议接待   D. 我让王丽帮我的忙

二、听下面的对话并选择正确答案

1. 男：听说小李会说四种外语，真了不起！

女：是呀，他英语、日语、法语和俄语都没说的，而且还能利用词典翻译一些德语资料呢。

问：小李哪种外语掌握得还不太熟练？（B）

　　A. 英语　　　　B. 德语　　　　C. 日语　　　　D. 法语

2. 男：我今天在办公室听同事说，有一个小孩子的手被饭店的自动门给夹伤了。

　　女：是啊，最近常有这样的事发生，等会儿去商店时，要管好小明，不要让他到处乱跑。

　　问：这个对话最可能发生在哪儿？（A）

　　A. 家里　　　　B. 商店　　　　C. 饭店　　　　D. 办公室

3. 男：哎，你看这条招聘启事，这家公司要招一名秘书，要求是24岁以下的未婚女性。

　　女：我看看，大学本科以上学历，能熟练使用计算机，工作认真细心。好，我去试试。

　　问：这条招聘启事中没有提到什么？（D）

　　A. 年龄　　　　B. 性别　　　　C. 学历　　　　D. 收入

4. 男：明天就该考试了，可我还没复习完呢，怎么办呀？

　　女：你呀，每次考试都是临时突击，这哪儿行呢？

　　问：女的对男的是什么态度？（C）

　　A. 赞扬　　　　B. 怀疑　　　　C. 批评　　　　D. 鼓励

5. 男：你昨天又去面试了吧？结果怎么样？

　　女：谁知道呢，第一轮笔试没问题，第二轮口试不太理想。

　　问：女的是什么意思？（B）

　　A. 昨天去两个地方面试了　　　B. 口试考得不太好
　　C. 想问问谁知道面试结果　　　D. 笔试的问题不多

6. 男：小丽，爸爸是个讲信用的人，这个周六我先帮你补习一下数学，然后下午带你去电影院看新电影，怎么样？

　　女：不行啊，星期六老师要给我们补课，我一早就得去学校，你的计划改在星期天吧。

　　问：小丽星期天下午最可能做什么？（C）

　　A. 去上补习班　　　　　　　　B. 去学校补课
　　C. 去电影院看电影　　　　　　D. 和爸爸在家玩儿

听力录音文本与参考答案

7. 男：哎，是你啊，穿了这身衣服我都认不出来了，你站在这儿干什么啊？
   女：我不是从小就喜欢武术嘛，保安工作正好可以发挥我的特长，我已经在商场里抓住了好几个小偷了。
   问：女的最可能是什么人？（A）
   A. 商店保安　　　B. 运动员　　　C. 警察　　　D. 售货员

8. 女：对不起，我带着孩子不方便，能不能不走地下通道？
   男：不行，所有人都得遵守规定，您也不能例外。
   问：女的可能想做什么？（D）
   A. 问路　　　　　　　　B. 走地下通道
   C. 了解规定　　　　　　D. 过马路

9. 男：现在邮局的人真积极，刚到八月就上门来订明年的报纸了。
   女：你还订报纸啊，我都是想看就当天买一份，哪有那么多时间看报纸啊。
   问：从这个对话，我们可以知道什么？（C）
   A. 订报纸要去邮局　　　B. 男的不想订报纸了
   C. 女的不订报纸　　　　D. 女的第二天要买报纸

10. 男：现在工作压力太大了，真想现在就退休，去一个远离城市、有山有水的地方生活。
    女：我也想这样啊，可是在生活中行不通。
    问：女的是什么意思？（A）
    A. 实际做不到　　　　　B. 不理解
    C. 那里路不通　　　　　D. 很反对

三、听短文做练习

1. 根据录音内容，选择正确答案

心理测试

小林刚刚走进老板的办公室，老板就惊喜地站起来，紧紧握住他的手说："世界真是太小了，怎么会在这儿碰到你？上次我带女儿去公园玩儿的时候，我女儿掉进湖里，幸亏你救了她，可我当时忘记问你的名字了。你快说，你叫什么？"小林被弄糊涂了，但他很快想到可能是老板认错人了。于是他坚定地说："先生，我没救过人，至少目前还没救过人，您是不是认错人了？"但老板说没错，而小林坚持说错了。过了一会

177

儿，老板拍了一下小林的肩膀说："你的面试通过了，到隔壁办公室去报到吧！"

原来，那是老板导演的一场心理测试："制造"一起落水事件，其目的是测试一下来找工作的人是否诚实。在小林前面的几个人都因此失败了。如果当时小林说了假话，那么他就失去这份工作了。而小林却在面试时表现了自己的诚实，最后获得了成功。

（1）小林是什么时候和老板认识的？ （D）
　　A. 去公园玩儿时　　　　B. 救老板女儿时
　　C. 大学毕业时　　　　　D. 来面试时

（2）老板握住小林的手，是因为（C）
　　A. 小林救过老板的女儿　　B. 老板认错人了
　　C. 老板在做测试　　　　　D. 老板不让小林走

（3）小林为什么被录用了？ （B）
　　A. 认识老板　　B. 诚实　　C. 有工作能力　　D. 没有别人来面试

2. 根据录音内容，选择答案

时代不同了

1977年，中国恢复了停止了10年之久的高考，27万学生通过考试走进了大学校园，当年高考的录取比例为29比1。国家非常需要有知识、有文化的大学生，所以当时大学毕业生由国家分配工作，毕业后的大学生无论分到哪个单位，都是重点培养对象。分配时一般是从哪里来的，就回哪里去，所以大学毕业生根本没有就业压力。

1995年前后，除少数专业外，大多数专业的学生国家都不分配工作了，毕业生可以走双向选择的就业道路，大学生的就业政策也随着发生了变化，对大学生的个人能力和水平提出了更高的要求。作为不包分配的大学毕业生，似乎是不幸的，因为必须靠自己去找工作；但同时又是幸运的，因为自己选择工作的机会更多了，经历也更丰富了。到了21世纪，随着大学生人数的增加，大学毕业生找工作越来越难了。

"毕业由国家分配工作"、"铁饭碗"曾经是一代大学生的记忆，而"双向选择"、"自由择业"成为如今大学毕业生的就业之路。各个年代大学生的就业经历，都和时代有着密切的联系。

（1）1977年参加高考的学生，多少人中可以有一个人上大学？ （C）
　　A. 10个人　　　B. 27个人　　　C. 29个人　　　D. 70个人

（2）国家包分配时，毕业生们一般去哪儿工作？（C）
   A. 去大城市工作　　　　B. 留在大学当老师
   C. 回自己的家乡　　　　D. 去好单位工作

（3）关于1995年前后大学生的就业政策，下面哪句话是对的？（D）
   A. 所有的学生国家都不包分配了
   B. 学生只能被用人单位挑选
   C. 工作单位对毕业生的要求和以前一样
   D. 政策的变化对毕业生既有利也不利

3. 根据录音内容，判断正误

就业难

目前，我国大学生就业问题已引起了社会各个方面的关注。一个"难"字概括了现在大学生的就业情况。有关部门的调查结果表明，2006年大学毕业生人数为413万人，而2007年大学毕业生人数达495万，比2006年增加了82万。

现在有45%的企业招不到合适的人，而50%的人却找不到合适的工作。为什么会出现企业招不到合适的人，而大学生却就业难的情况呢？一是因为学生学习的专业和就业没有密切联系在一起，二是因为大学生没有工作经验，企业不愿意去培养他们，担心他们有了工作能力之后会离开。

所以，现在普通大学毕业生只有10%左右的人能找到自己理想的工作，其他学生除了部分人决定考研究生外，大多数人在现实面前不得不重新认识自己，一些学生甚至放弃自己的专业去做一些根本不需要高学历的工作，社会上出现了越来越多的大学生售货员、大学生司机。

有关部门预测，大学毕业生就业今后会变得越来越难。

（1）2007年大学毕业生达五百万左右。　　　　（√）
（2）有50%的企业招不到需要的人。　　　　　　（×）
（3）很多企业不想要大学生是因为企业没有钱。（×）
（4）本文指出了大学毕业生就业难的三个原因。（×）
（5）决定考研究生的大学毕业生不太多。　　　　（√）
（6）大多数毕业生开始改变就业想法了。　　　　（√）

第六十七课　远亲不如近邻

一、听下面的句子并选择正确答案

1. 凡是这儿的饭店，他没有没去过的。

    问：这句话是什么意思？（B）

    A. 他去过一些饭店　　　　　　B. 所有的饭店他都去过

    C. 他一家饭店也没去过　　　　D. 他去过很多饭店

2. 感谢你们的热情招待，我今天晚上无论如何都得开车赶回去，明天有两个手术等着我呢。

    问：说话人可能是干什么的？（D）

    A. 顾客　　　B. 司机　　　C. 病人　　　D. 医生

3. 幸亏我们下班走得快，不然就坐不上这辆车了，哎，再往里面走走。

    问：说话人可能在哪儿？（C）

    A. 公司　　　B. 车站　　　C. 汽车上　　　D. 火车上

4. 这个人真是的，老让别人为难。

    问：说话人是什么语气？（A）

    A. 不满　　　B. 紧张　　　C. 难过　　　D. 高兴

5. 我已经有一套房子了，所以现在不想买房了，恐怕也买不起第二套。

    问：从这句话我们可以知道什么？（C）

    A. 他害怕买房　　　　　　　B. 他有两套房子

    C. 他没有钱再买房子了　　　D. 他刚买了一套房子

6. 班长嘛，就应该发挥带头作用，成为同学们学习的榜样。

    问：关于班长，下面哪种说法是正确的？（D）

    A. 排队时站在第一个　　　　B. 他的个子最高

    C. 他要向同学们学习　　　　D. 他应该做得比别人好

7. 对小孩子来说，人家的饭就是香，你看小明，平时在家只吃半碗，今天已经吃了两碗了。

    问：小明现在在哪儿吃饭？（C）

    A. 自己家　　　B. 饭店　　　C. 别人家　　　D. 食堂

8. 我的汉语发音比不上丁荣，更不能和李明爱相比了，不过，波伟和我差不多。

问：谁的汉语发音最好？（D）

A. 我　　　　　B. 波伟　　　　　C. 丁荣　　　　　D. 李明爱

9. 小李，今天来的都是熟人，何况你又不是第一次在大家面前表演，紧张什么呢？

问：下面哪句话不对？（B）

A. 小李很紧张　　　　　　　B. 来了很多小李不认识的人

C. 小李以前表演过　　　　　D. 小李今天要表演节目

10. 他老是跟邻居合不来，已经搬了好几次家了。

问：从这句话我们可以知道什么？（A）

A. 他和邻居的关系不好　　　B. 他搬过一次家

C. 他的邻居不来了　　　　　D. 他想住好房子

二、听下面的对话并选择正确答案

1. 女：我觉得新来的小李人不错，工作也认真。

   男：嗯，就是太内向了，不像一个小伙子。

   问：关于小李，下面哪句话不对？（B）

   A. 是个男的　　　　　　　B. 非常喜欢说话

   C. 人挺好的　　　　　　　D. 刚来这儿工作

2. 女：张伟刚工作一年多就当上部门经理了，可真有本事。听说还要被派到国外去工作呢。

   男：这有什么。

   问：男的是什么意思？（D）

   A. 张伟是什么部门的经理　　B. 张伟有很大的本事

   C. 张伟去哪个国家工作　　　D. 张伟没什么了不起的

3. 女：小明，你已经考了两年了，不读研究生也可以工作嘛。

   男：你别说了，我今年无论如何也要考上。

   问：关于小明，我们可以知道什么？（B）

   A. 他认为女的说得有道理　　B. 他一定要读研究生

   C. 他考过一次研究生　　　　D. 他现在已经工作了

4. 女：哎，今天我在商店看见一条裙子，两种颜色我穿都很漂亮，你说怎么办？

   男：这有什么为难的？都不买嘛，咱们买房子的钱还没还完呢。

问：说话人是什么关系？（C）

A. 同事　　　　B. 朋友　　　　C. 夫妻　　　　D. 营业员和顾客

5. 女：你看小马，每天不是迟到就是早走，哪儿像上班的样子！

男：人家也不像你说的那么不认真吧。

问：男的是什么意思？（A）

A. 小马没有那么不认真　　　　B. 别人和你不一样

C. 我工作很认真　　　　D. 他们不像上班的样子

6. 女：都是老朋友了，你还拎这么多东西干吗？

男：你搬进新房，我还没来过呢，快带我参观一下。

问：这个对话可能发生在哪儿？（B）

A. 车站　　　　B. 朋友家　　　　C. 商店　　　　D. 博物馆

7. 女：你已经有10年没回过老家了吧？

男：是啊，现在回去恐怕连路都不认识了。

问：下面哪种说法是正确的？（D）

A. 男的不知道怎么回老家　　　　B. 他们家搬到他不认识的地方了

C. 男的害怕一个人走路　　　　D. 家乡的变化很大

8. 女：你怎么才来？我腿都站酸了。

男：对不起，下班坐车的人多，不然早就到了。

问：下面哪一种说法不正确？（B）

A. 女的等了很长时间　　　　B. 他们在等车

C. 男的迟到了　　　　D. 现在是下班时间

9. 女：小明的英语考卷你看到了吧？怎么就得了那么几分？

男：他平时成绩就那样，何况这次考试题目又比较难，你就别气了。

问：男的是什么意思？（D）

A. 小明平时英语成绩很好　　　　B. 对小明的考试成绩感到很吃惊

C. 这次考试题目太多了　　　　D. 你不要因小明的成绩而生气

10. 女：你看隔壁的那老两口，每天早上一起去公园锻炼，晚上一起出去散步，多好！

男：是啊，我们老了以后要像他们那样就好了。

问：男的是什么语气？（C）

A. 高兴　　　　B. 后悔　　　　C. 羡慕　　　　D. 遗憾

三、听短文做练习

1. 根据录音内容，选择正确答案

邻居节

提起"邻居"这个词，许多中国人心里都会有一种温暖的感觉。因为按照中国的传统，邻居是一种很亲密的关系，甚至在某种程度上可以跟自己的亲人相比。

过去，中国的城市居民大多都住在平房里，有的是几户、十几户共住一个院子。住楼房的居民也有不少是几家人共用一个厨房、卫生间的。邻居之间离得很近，向你家借点儿米、他家要点儿油是常事，大家仿佛一家人一样。

随着社会的发展，城市居民的居住条件普遍得到了改善，纷纷搬进了楼房，邻居间的往来越来越少了。根据上海市的一项调查结果，能够与邻居经常往来的家庭只占24%，有近一半的人不知道邻居的名字和职业。

1999年，天津市的一个居民小区决定以后在每年秋天都举办一周的邻居节。在邻居节上组织居民开展各种丰富的活动，如：下棋、歌舞比赛、帮助困难邻居等等，每年还要评出关系友好的好邻居。

邻居节取得了很好的效果，它拉近了邻居间的距离，使大家之间的关系变得更亲密了。现在，邻居节已在中国几十个城市流行开来了。

（1）传统的中国人认为邻居和自己是什么关系？（D）

　　A. 没有关系　　　　　　B. 可以向他借东西

　　C. 只是住在隔壁　　　　D. 像一家人一样

（2）上海市可能有多少人不了解自己的邻居？（B）

　　A. 24%　　　B. 49%　　　C. 65 %　　　D. 76%

（3）下面哪一项不是邻居节的活动？（C）

　　A. 唱歌比赛　　B. 下棋　　C. 请别人吃饭　　D. 帮邻居做事

（4）关于邻居节，下面哪种说法是不正确的？（A）

　　A. 每次举办两个星期　　　　B. 天津第一个办了邻居节

　　C. 邻居节改变了邻居之间的关系　D. 现在很多城市都有邻居节

2. 根据录音内容，选择正确答案

我的一个邻居

这个女人是我的邻居。刚开始时我对她没有什么感觉，说不上喜欢还是不喜欢。

我的这个邻居，不知道从什么时候开始对做生意感兴趣了，她兴高采烈地来向我打听做生意的事。我就慢慢地向她介绍了一些，也顺便告诉她自己是如何如何的辛苦。

然后，又不知道什么时候，她开始找房子准备做生意了。不过那段时间我很忙，没空帮她。其实后来想想，是真的没空吗？我不是一个热心助人的邻居。

再后来，她在黄昏的时候，在车站旁的一个小规模的夜市里开始卖鞋子了。她用一个大拖车，那也不能被称之为车，只是一块很大的木板，下面有四个轮子，最前面是一根粗绳子。她每天黄昏用力地拉着那辆车，艰难地走一段长路去做生意。

几天前，她抱着孩子来我店里玩儿，讲她的孩子，讲她的买卖。我问她能赚多少钱，她兴奋地说，一双鞋虽然只赚几块钱，但多的时候一个月可以赚一千多，以后一定会更好。

她以前的工作比较舒服，我不知道是不是受了像我这样辞职下海的人的影响，现在她辛苦地蹲在地上和顾客讨价还价。没有人帮她，她一个人去进货，然后再拉去卖。

看着她兴奋的脸，我忽然觉得很惭愧。同样是女人，我进货不用自己拎，渴了有咖啡、奶茶喝，饿了可以吃巧克力和水果，晚上还有丈夫给我送饭，可我还觉得委屈，觉得没有意思。我真的不如我的邻居。

（1）邻居为什么来找我？（C）

    A. 因为我很喜欢她   B. 因为我是卖鞋子的

    C. 因为她想做生意   D. 因为我对人很热心

（2）邻居每天怎么做生意？（B）

    A. 早上就去卖东西了   B. 在车站附近卖鞋子

    C. 开车去卖东西   D. 傍晚回家

（3）邻居的生意做得怎么样？（D）

    A. 每天赚一块钱   B. 一双鞋只卖几块钱

    C. 每个月赚一千块   D. 最多一个月赚一千多

（4）关于"我"，下面哪种说法是不正确的？（A）

    A. 做过会计工作   B. 现在已经辞职了

    C. 已经结婚了   D. 生活比邻居好

3. 根据录音内容，判断正误

现代社会的"空巢"现象

过去，"空巢家庭"多指"老年空巢"。在多子女家庭中，当所有子女都离开家后，进入"空巢阶段"的父母已基本接近或进入老年阶段，"空巢"时间较短。如今，随着第一代独生子女的求学和工作时期的到来，相当一部分中年夫妻提前进入了"空巢期"。"空巢老人"已不再只代表高龄老人，它正向中年化、低龄化转变，专家称之为"中年空巢现象"。

"中年空巢现象"是社会发展过程中不可避免的新现象，和"空巢老人"的被动形成不同，"中年空巢家庭"的形成，多半是主动选择的结果。家长总希望孩子有更好的发展，所以会鼓励孩子"离巢"，但是当十几年以孩子为重心的生活突然发生变化时，不少人会感到不适应，因此出现了一些生理和心理上的问题。

针对这些现象，专家对这些中年人提出了一些建议：

第一，孩子离开家庭后，父母可以试着开始新的生活。可以去学些新知识，也可以参加旅游、健身等活动。

第二，要建立新的夫妻关系。重新找回"失去"的自己，做一些以前想做而未做的事，夫妻之间应更多地相互关心和安慰。

第三，要做一些适当的心理调整，如和朋友一起逛街、游玩，走亲访友等。

最后，作为子女要多了解父母的心情，尽量常回家看看，这对感到孤独的父母是最大的安慰。

(1) 空巢家庭指的是家里什么人也没有。　　　　　　　(×)
(2) 现在的"空巢老人"不仅仅指老人了。　　　　　　　(√)
(3) 现在的空巢家庭很多不是被动形成的。　　　　　　(√)
(4) 只有少部分人难以适应孩子的离开。　　　　　　　(×)
(5) 专家对没有孩子在身边的中年人提出了三点建议。　(√)

第六十八课　我们已经很幸运了

一、听下面的句子并选择正确答案

1. 竟然会发生这种事，真让人难以想象。

   问：说话人是什么口气？（ C ）

   A. 高兴　　　　B. 激动　　　　C. 吃惊　　　　D. 羡慕

2. 她学得真快，三点钟时，老师让大家开始练习，前后不到五分钟，她就剪出了一个漂亮的"喜"字。

   问：这个"喜"字是什么时间剪好的？（ C ）

   A. 2:55　　　B. 3:00　　　C. 3:04　　　D. 3:15

3. 你不是去过图书馆还要去邮局吗？我恰好要去邮局旁边的银行取钱，我就在那儿等你，然后我们再一起去书店。

   问：说话人先去哪儿？（ D ）

   A. 书店　　　　B. 图书馆　　　C. 邮局　　　　D. 银行

4. 你说得那么快，我哪儿能一一都记住呢？

   问：说话人是什么意思？（ C ）

   A. 你说的我都记住了　　　　B. 你说得快，我只记住了一个
   C. 你说的我没有都记住　　　　D. 你说的我一个也没记住

5. 同学们，在这阳光灿烂的日子里，我校第三届春季运动会开幕了，我代表全校师生对运动会的顺利召开表示热烈的祝贺。

   问：说话人最可能是谁？（ A ）

   A. 校长　　　　B. 老师　　　　C. 运动员　　　D. 学生

6. 这个女子演唱组是由三个年轻、活泼的女孩儿组成的。从 2001 年成立至今，她们得到了无数歌迷的支持。

   问：关于这个演唱组，我们不知道什么？（ B ）

   A. 人数　　　　B. 年龄　　　　C. 成立的时间　D. 是否受欢迎

7. 我妈昨天让我去见的那个人，他的职业、收入、家庭情况和性格都不错，就是形象差了点儿。

   问：说话人昨天去干什么了？（ C ）

   A. 看朋友　　　B. 面试　　　　C. 约会　　　　D. 开会

8. 让我担任班长？这不是赶鸭子上架吗？

问：说话人是什么意思？（D）

A. 我不去赶鸭子　　　　　　B. 鸭子在架子上

C. 我想担任班长　　　　　　D. 我做不了班长

9. 各位观众，现在10号队员灵活地躲过了对方的两名队员，一伸手，球进了。

问：这是一场什么比赛？（B）

A. 足球　　　B. 篮球　　　C. 乒乓球　　　D. 排球

10. 这家工厂自从换了厂长以后，产量和质量日益提高，现在，产品已经开始出口到国外，工人的收入也增加了，又能经常听到工人们的笑声了。

问：关于这家工厂，下面哪种说法是正确的？（B）

A. 产品质量一直很好　　　　B. 现在工人们对厂长很满意

C. 工人的工资没有变化　　　D. 他们进口国外的产品

二、听下面的对话并选择正确答案

1. 女：我们家终于也买上车了，今天选的车牌的第一位数字是4，我们再等等。

   男：对，很快就到5了，518多吉祥啊，要能选到就好了，开着也高兴。

   问：他们在谈什么？（B）

   A. 时间　　　B. 号码　　　C. 年龄　　　D. 成绩

2. 女：听说你也是我们学校的学生？我是2004年毕业的，你呢？

   男：我比你高两届。

   问：男的是哪一年毕业的？（A）

   A. 2002年　　　B. 2003年　　　C. 2004年　　　D. 2005年

3. 女：人家都说孩子和妈妈关系最亲密，可我们的孩子怎么不是这样呢？

   男：谁让你是女强人呢？公司才是你的家。

   问：从对话中我们可以知道什么？（C）

   A. 女的和孩子的关系很好　　　B. 女的很坚强

   C. 男的对女的不太满意　　　　D. 女的天天住在公司

4. 女：你看，第三道的运动员速度真快，像一阵风似的就冲过去了。

   男：嗯，我看新的世界纪录要诞生了。

   问：他们在谈论什么运动？（D）

   A. 体操　　　B. 游泳　　　C. 射击　　　D. 田径

5. 女：欢迎大家收看今天的"名人面对面",下面请你们自己介绍一下吧。

   男：大家好,我是张译,在这部电视剧中演班长。

   问：这段对话最可能发生在什么地方？（B）

   A. 电影院　　　B. 电视台　　　C. 广播电台　　　D. 学校

6. 女：你在和小李谈恋爱？真让人难以相信。

   男：有什么不可以的？就因为她比我大吗？我觉得和她挺合得来的。

   问：下面哪种说法是不正确的？（C）

   A. 女的不相信他们俩在谈恋爱　　　B. 男的年龄比小李小

   C. 他们不可以谈恋爱　　　D. 男的和小李关系很好

7. 女：你知道吗？5月18日是国际博物馆日,北京一百多家博物馆会在18日前后举行各种纪念活动。

   男：你现在才知道啊？我还知道18日当天可以免费参观呢。

   问：这段对话告诉我们什么？（D）

   A. 北京有一百家博物馆　　　B. 纪念活动在5月18日以前

   C. 女的比男的早知道　　　D. 5月18日参观博物馆不要票

8. 女：高考日益临近了,你怎么还去打球呢？

   男：我是学习、锻炼两不耽误,你就放心吧,不会让你和爸爸失望的。

   问：关于男的,我们可以知道什么？（A）

   A. 他很快要参加考试了　　　B. 他学习和运动都不怎么样

   C. 他已经上大学了　　　D. 他的妈妈对他很失望

9. 男：现在学开车挺流行的,我也想去试试。过了70岁就拿不到驾驶证了。

   女：你算了吧,手脚也不像年轻时那么灵活了,反应也慢了,还是坐儿子的车吧。

   问：下面哪句话是对的？（B）

   A. 男的已经70多岁了　　　B. 男的儿子有车

   C. 男的腿有病　　　D. 现在学开车的人不太多

10. 男：祝贺你获得了金牌,请谈谈你的感想,好吗？

    女：在这难忘的时刻,我要感谢我的父母、我的教练和所有关心我的人,我会继续努力的。

    问：他们最可能是什么关系？（A）

A. 记者和运动员   B. 教练和运动员   C. 老师和学生   D. 哥哥和妹妹

三、听短文做练习

1. 根据录音内容，选择正确答案

奥运冠军——邓亚萍

邓亚萍 1973 年出生于河南省郑州市，曾经获得四块奥运会金牌，十四次获得乒乓球世界冠军，连续八年女子乒乓球世界排名第一，也是世界上连续获得奥运会乒乓球单打金牌的运动员之一。

邓亚萍的父亲是一位乒乓球教练，在父亲的影响下，她 5 岁开始学打乒乓球，10 岁进入市乒乓球队。尽管她的成绩很优秀，但因为身高不到 150 厘米，曾经被拒于省队和国家队的门外。然而她从来没有对自己失去过信心。1986 年，13 岁的邓亚萍创造了打败世界女子冠军的奇迹。两年后，她终于进入了国家乒乓球队。

1997 年，邓亚萍从球场上走了下来，她选择了大学校园，在清华大学本科毕业后，又去英国读硕士学位和博士学位。邓亚萍以刻苦学习的精神，在短短的几年内由一个写不完整 26 个英文字母的运动员，成为一个不仅能熟练掌握英语口语、轻松地与外国人交流，而且能用英文写研究生论文的学生。

2001 年 2 月她从英国回到了祖国，为北京成功申办 2008 年奥运会做出了重要的贡献。

(1) 邓亚萍获得过多少次乒乓球世界冠军？（D）

A. 三次   B. 四次   C. 八次   D. 十四次

(2) 邓亚萍为什么曾经进不了省队和国家队？（B）

A. 年龄太小   B. 个子不高   C. 成绩不太好   D. 没有信心

(3) 关于邓亚萍的学习情况，下面哪个说法是正确的？（D）

A. 开始一个英文字母也不会写   B. 一年以后英文就很流利了
C. 在英国读了四年大学   D. 研究生论文是用英文写的

(4) 关于邓亚萍，我们可以知道什么？（A）

A. 1997 年她不当运动员了   B. 他的父亲一直是她的教练
C. 有时候她不想打乒乓球了   D. 1986 年，她进入了国家队

2. 根据录音内容，选择正确答案

体育街

青岛市有一条四百米长的体育街，其中包括篮球场、足球场、乒乓球台、棋牌活动场地等。每天傍晚六点半左右，许多居民一吃完晚饭，就穿上运动服来到体育街。八点前后，这里就更热闹了。

谁能想到，这条体育街竟然是建在一条脏水沟之上的。原来这条脏水沟不仅难看，而且气味很差，影响环境。现在脏水沟变成了"地下河"，体育街的建成，不仅改善了环境，而且它的运动设备也很先进，所以每晚来体育街健身的人群中，有一部分人并不是周围居民，他们是乘车从市区各个地方来此休闲健身的，现在这条街在青岛非常有人气。

在健身的人里面，孩子和老人所占的比例较大。以前住在这里的很多孩子一放假就去网吧玩游戏，自从有了体育街，父母发现孩子们对体育活动的兴趣其实远远高于玩电脑游戏。现在，有的孩子早晨也不睡懒觉了，不到六点就起床锻炼。居住在这里的老人们的生活也发生了变化。以前因为没有什么别的娱乐生活，很多老人饭后就坐在一起打牌，一坐就是半天。现在，不少老两口都买了运动装，每天带着孙子、孙女来到体育街，让孩子在旁边的儿童游乐场里玩儿，自己则做些简单的锻炼。这样的生活，让他们觉得既充实又有意义。

（1）每天什么时候这条体育街人最多？（D）

  A. 下午四点　　B. 傍晚六点半　　C. 晚上七点　　D. 晚上八点左右

（2）这条体育街原来是什么？（B）

  A. 一条河　　B. 脏水沟　　C. 难看的东西　　D. 垃圾

（3）"有人气"是什么意思？（C）

  A. 有人生气　　B. 有气味　　C. 受欢迎　　D. 有很多人呼吸

（4）关于体育街给老人和孩子们生活带来的影响，下面哪种说法不对？（A）

  A. 孩子们还是对玩电脑更有兴趣　　B. 有的孩子开始早起了
  C. 坐在一起打牌的老人少了　　　　D. 老年夫妻一起锻炼

3. 根据录音内容，判断正误

一票难求

2008年5月5日，北京奥运会门票第三阶段销售正式开始。这一次销售时间从5月5日上午9点开始，一直到6月9日18点，人们可以通过全国540多个中国银行和北京奥运会有关网站购买门票。此次销售，共有138万张门票，涉及16个体育比赛大项、17个分项，包括男子足球决赛、女子跳高、篮球和排球等共244场次的比赛。另外，还有2万张无障碍座位门票留给残疾人士购买。

5月5日早上8点多钟，北京西单路口的中国银行门前已经排起了七八十人的长队，排在第一个的朱女士是前一天晚上就来排队的。购买者在付款后，当时就可以领取门票。与前两个阶段不同的是，北京奥运会门票第三阶段，每人每次只能买两个场次、每个场次不超过3张门票，但是购买者在付款后可以再次申请购买。

据报道，在销售首日，已有包括篮球、排球、马拉松、游泳等多个项目在内的比赛可售门票全部卖光，真是"一票难求"啊！

(1) 北京奥运会第三阶段的门票2008年5月5日开始销售。　　(√)
(2) 这次门票包括男子足球决赛等共138场比赛。　　　　　　(×)
(3) 朱女士是5月5号一早来排队的。　　　　　　　　　　　(×)
(4) 购买者交完钱马上可以拿到门票。　　　　　　　　　　　(√)
(5) 在第三阶段，购买者每人每次只能买3张门票。　　　　　(×)
(6) 在5月6日，篮球、排球比赛的票就卖完了。　　　　　　(×)

第六十九课　你做过志愿者吗？

一、听下面的句子并选择正确答案

1. 他学习好，长得又帅，在学校里可有名了，你居然不认识他？
   问：说话人是什么语气？　(B)
   A. 高兴　　　　B. 吃惊　　　　C. 气愤　　　　D. 羡慕

2. 你这个当爸爸的，怎么能把孩子独自一个人留在家里呢？要是出了什么事，该怎么办？

问：这句话告诉我们什么？（C）
  A. 听话人当爸爸了   B. 爸爸带孩子出去了
  C. 孩子一个人在家   D. 孩子出事了

3. 您看，这是今年的最新产品，三门，全自动电脑控制温度，长久保鲜，此外，现在还有送电费活动。

  问：说话人在介绍什么商品？（D）
  A. 电视机   B. 空调   C. 电脑   D. 电冰箱

4. 我认为，不是每个人都能取得这样的成绩的。

  问：说话人认为这样的成绩怎么样？（D）
  A. 大家都能取得   B. 大家都很难取得
  C. 我们不想取得   D. 很少人能够取得

5. 现在这些大公司连硕士生都进不去，我们就更别想了，还是实际一点吧，我也许回老家当小学教师。

  问：说话人可能是什么人？（C）
  A. 公司职员   B. 小学教师   C. 大学生   D. 硕士生

6. 对不起，我们规定一个人只能随身带10公斤的行李，你超了两公斤，请你拿掉一些东西。

  问：说话人最可能在哪儿？（B）
  A. 汽车站   B. 飞机场   C. 火车站   D. 海关

7. 你生什么气，人与人之间的关系是相互的，你不尊重别人，别人怎么会尊重你呢？

  问：说话人是什么意思？（C）
  A. 你为什么生气   B. 你和别人的关系不错
  C. 人与人应该互相尊重   D. 别人会尊重你的

8. 据说当年放《渴望》的时候，很多人每天都早早回家坐在电视机前等着，它打动了无数人的心。

  问：《渴望》是什么？（D）
  A. 一本书   B. 一部电影   C. 一支歌   D. 一部电视剧

9. 这个小伙子每天早上都骑着自行车挨家挨户地给大家送信和报纸，风雨无阻。

  问：下面哪一项句子中没有提到？（B）
  A. 性别   B. 工作单位   C. 交通工具   D. 工作内容

10. 看电影时,观众们在暗暗比较这两个主要演员的表演。

  问:从这句话我们可以知道什么? (D)

  A. 电影院里很暗   B. 观众在悄悄说话

  C. 这部电影只有两个演员   D. 大家在心里想谁演得好

二、听下面的对话并选择正确答案

1. 女:你弟弟信上说你爸爸现在住的房子太简陋了,准备给他盖一间新的。你这个当哥哥的也应该出一份力吧?

 男:那当然了,很快就要发奖金了,我已经计划好了。

 问:男的打算干什么? (B)

  A. 订一个计划   B. 给家里寄钱

  C. 回家帮着盖房子   D. 写信给弟弟

2. 女:听我们家小王说,你连每周日一次的足球都不去踢了,在忙什么呢?

 男:忙孩子呗,等你们俩有了孩子后就知道了,真比上班还累。

 问:从这段对话我们可以知道什么? (C)

  A. 女的和小王是同事   B. 女的已经有孩子了

  C. 男的照顾孩子很辛苦   D. 男的是足球运动员

3. 男:请问现在不能用洗手间吗?

 女:对不起,马上就要降落了,请您返回您的座位。

 问:两个说话人是什么关系? (D)

  A. 饭店服务员和顾客   B. 护士和病人

  C. 售货员和顾客   D. 空中小姐和乘客

4. 男:有人说去过法国和意大利,别的国家就不用去了。

 女:谁说的?并非只有法国和意大利才值得去,他这样说,是因为他没有去过别的国家。

 问:女的可能是什么意思? (B)

  A. 是谁告诉你的   B. 别的国家也应该去看看

  C. 只有法国和意大利值得去   D. 其他国家可以不去

5. 女:今年我儿子参加高考,我现在正在为填志愿的事头疼呢。你去年是怎么做的?

 男:你首先要了解你儿子在学校的学习成绩和他的兴趣爱好,然后了解一下想要上的那个大学去年的招生情况和毕业生的就业情况。

问：他们在谈论什么问题？（A）

A. 怎样选择大学　　　　　　B. 孩子的学习情况

C. 大学的学生人数　　　　　D. 大学毕业生的工作情况

6. 女：你看这孩子，我们花钱给他报了朗诵学习班，他仅仅去了两次就不去了。

   男：这也不能怪他，他本来就对朗诵不感兴趣，而且每天做作业都做到很晚，你就别管他了。

   问：下面哪句话不对？（C）

   A. 女的希望孩子学习朗诵　　B. 孩子不喜欢朗诵

   C. 男的对孩子不学朗诵很生气　D. 学校的作业很多

7. 女：我觉得这次的青年歌手大奖赛评分评得不太合理。

   男：有什么不合理的？歌唱得好，也不能一问三不知啊，应该有比较丰富的音乐知识和一定的文化水平。

   问：男的是什么意思？（B）

   A. 想知道不合理的地方　　B. 认为比赛评分没有问题

   C. 问了三个问题都不知道　D. 歌手应该有很高的文化水平

8. 女：你看小王说话的声音都颤抖了，这么紧张，到时候肯定演不好，干脆别参加演出了。

   男：你怎么总给别人泼冷水呢？应该鼓励他才是。

   问：男的让女的别做什么？（D）

   A. 看小王表演　　　　　　B. 给小王喝冷水

   C. 鼓励别人　　　　　　　D. 打击别人的积极性

9. 女：你听听，我们班这个学生这个句子写得多好："上课时我们用渴望知识的目光看着老师。"

   男：嗯，真不错。他们的汉语水平越来越高了。那我先去教室上课了，我们中午食堂见。

   问：这段对话最可能发生在哪儿？（A）

   A. 办公室　　B. 教室　　C. 运动场　　D. 食堂

10. 女：现在有不少家长认为儿童的房间只要放一些儿童家具就可以了，这种想法是错误的。

    男：对，应该根据孩子的实际需要来设计。例如刚出生的婴儿，房间的色彩和图案应该多样化。此外，还要考虑安全问题。

问：根据对话，下面哪句话不对？（C）

A. 儿童房不应该只有儿童家具　　B. 儿童房的设计要看孩子需要什么

C. 婴儿房间的色彩只能用一种　　D. 设计时要想到孩子的安全问题

三、听短文做练习

1. 根据录音内容，选择正确答案

我是一名青年志愿者

叶丽是北京一所大学英语专业四年级的学生，来自上海。四年的大学生活就要结束了，同班同学有的在北京找到了理想的工作，有的准备考研究生，还有的打算毕业后去美国留学，只有叶丽却做出了一个让同学和父母都非常吃惊的决定：她报名参加了"中国青年志愿者"行动，决心大学毕业后去中国西部落后地区工作。

那是因为一年前，当叶丽暑假参加一个大学生社会调查团第一次来到西部时，那里落后的教育状态让她很吃惊。有一所中学，连校长在内，只有七名教师，而学生有八百个。学校里一些像英语这样专业性强的课一直没有人教。临走时，校长说："我们这里很穷，缺水、缺电，也缺钱，但最缺的是知识。"校长的话深深感动了叶丽。

今年4月，当叶丽听说教育部要在大学毕业生中招青年志愿者时，就暗暗下了决心，要为支援西部教育事业作贡献。起初叶丽的父母坚决反对她的决定，在上海市当局长的父亲急忙赶到北京，劝她放弃这个决定。最后，父母见叶丽决心已定，也只好理解和尊重女儿的选择。

报名一个月后，叶丽的申请得到了批准，她将与六千名大学毕业生一起，作为中国首批青年志愿者，到西部山区作教师。

(1) 关于叶丽的同学，录音中没提到下面哪种说法？（B）

　　A. 有人找到了好工作　　B. 有人要当志愿者

　　C. 有人想继续学习　　D. 有人决定去外国

(2) 叶丽为什么要做青年志愿者？（C）

　　A. 因为她想做英语老师　　B. 因为西部学校的校长请她去工作

　　C. 因为她想支援西部教育　　D. 因为她没有找到工作

(3) 关于叶丽的父母，我们可以知道什么？（A）

A. 开始不同意她的决定　　　B. 都在上海当局长

C. 一直不理解女儿　　　　　D. 拦在门口不让她走

（4）下面哪项和短文的内容不一致？（D）

A. 叶丽第一次去西部是暑假去的

B. 有很多大学毕业生做了青年志愿者

C. 志愿者不在西部城市工作

D. 叶丽他们是中国第二批青年志愿者

2. 根据录音内容，选择正确答案

志愿者大行动

本报记者3月3日报道，为迎接3月5日第九个中国青年志愿者服务日的到来，我市在全市范围内广泛开展了志愿服务活动。

昨天是志愿者集中行动日，我市广大志愿者纷纷走上街头，大街小巷到处都可以看到他们忙碌的身影。在很多居民小区里，志愿者们围绕心理健康、营养美食等方面为居民进行知识讲解，由心理咨询师志愿者们开展的免费心理咨询活动尤其受到了居民们的热烈欢迎。在市区各大广场，志愿者们也开展了丰富多样的活动。在市北区，由市卫生局组织的卫生志愿者开展了为市民免费看病和义务献血活动。在四方区，志愿者开展了尊老助老、法律咨询服务、打扫卫生、维护交通秩序等志愿活动，现场开展的社会志愿者报名活动也吸引了很多市民，大家纷纷报名参加。

（1）青年志愿者是哪天走上街头的？（A）

A. 3月2日　　B. 3月3日　　C. 3月4日　　D. 3月5日

（2）这次活动的主要内容和什么有关？（A）

A. 第九个中国青年志愿者服务日　B. 心理健康与营养美食

C. 身体健康与尊老助老　　　　　D. 法律、卫生和交通

（3）下面哪一种活动短文中没有提到？（D）

A. 知识讲解　　B. 心理咨询　　C. 免费看病　　D. 修理电器

（4）这篇短文的作者是谁？（B）

A. 志愿者　　B. 记者　　C. 市长　　D. 市民

3. 根据短文内容判断正误

北京奥运会志愿者

参加2008年北京奥运会的志愿者共约十万人。

要成为一名奥运志愿者，必须遵守中国的法律和各种规定，热心公益事业，并且要有基本的体育运动知识和一定的外语交流能力，符合北京奥组委对于志愿者所申请岗位的资格要求和时间要求。志愿者分为专业志愿者和赛会志愿者两种。其中，专业志愿者除满足以上基本要求外，还应具备一定的专业技术和专门技能。赛会志愿者要求2008年4月年满18岁。

北京奥运会志愿者分为十大类，有大学生志愿者、中学生志愿者和社会志愿者等，海外华人和外国人也可以报名成为志愿者。但这次赛会志愿者主要招北京地区的大学生。

申请志愿者成功后，还必须参加一些培训。所有的培训都是免费的。在奥运会期间，为志愿者提供服装和餐饮及其他必要的工作条件，志愿者凭证件还可以免费乘坐市内公共交通。

志愿者可获得奥运会志愿服务证书，根据服务时间和服务效果，赛会志愿者还可以获得奥运会纪念品。

（1）北京奥运会有十万名左右志愿者。　　　　　　　（√）
（2）赛会志愿者必须是18岁的年轻人。　　　　　　　（×）
（3）赛会志愿者在全国各地都招了很多人。　　　　　（×）
（4）在奥运会期间，志愿者坐公共汽车也要买票。　　（×）
（5）很多优秀志愿者获得了纪念品。　　　　　　　　（√）

第七十课　复习（十四）

一、听下面的句子并选择正确答案

1. 紧张的时刻到了，下面将要摇出的是今天最后一个奖，一等奖，号码是736158，恭喜这位朋友中了一等奖。感谢大家收看今天的节目，我们下周再见。

问：这段话最可能在哪儿听到？（C）

　　A. 体育馆　　　　B. 银行　　　　C. 电视上　　　　D. 学校

2. 我们这学期有中级汉语课和听说课，我还选修了中国武术，学习太极拳、长拳和刀术。

　　问：这学期说话人一共有几门课？（B）

　　A. 两门　　　　B. 三门　　　　C. 四门　　　　D. 五门

3. 开车上路，发生碰撞是难免的事，你现在生气又有什么用呢？

　　问：说话人是什么意思？（D）

　　A. 开车时很难遇到别的车　　　　B. 在路上车很少出事
　　C. 汽车不会发生碰撞　　　　　　D. 你生气也没有用

4. 这个病人我刚给他动完手术，24小时内要密切观察，家属暂时不能进来。我现在去吃点东西，有什么情况立刻告诉我。

　　问：说话人和听话人最可能是什么关系？（A）

　　A. 医生和护士　　　　　　　　B. 护士和家属
　　C. 病人和医生　　　　　　　　D. 家属和病人

5. 小王平时对人非常有礼貌，给老师和同学们都留下了深刻的印象，可她有一个毛病，就是缺乏表现自己的勇气，所以这次面试时，又一个很好的工作机会与她擦肩而过了。

　　问：关于小王，下面哪句话不对？（B）

　　A. 老师和同学对她的印象很好　　B. 她的面试通过了
　　C. 她不敢表现自己　　　　　　　D. 她差点儿得到一个好工作

6. "汉语桥"世界大学生中文比赛自2002年以来已经成功举办了六届，有480多名大学生应邀来中国参加了决赛，它成为中国和世界各国青年之间一座友谊的桥梁。

　　问：从这句话我们可以知道什么？（D）

　　A. 汉语桥是一座桥的名字　　　　B. 2002年的比赛是第二届
　　C. 所有参加比赛的学生都能来中国　D. 世界各国青年通过比赛了解中国

7. 他们两口子不说话已经持续了一段时间了，这样下去可怎么办呢？

　　问：这句话告诉我们什么？（C）

　　A. 有两个人不能开口说话了　　　B. 他们夫妻俩喜欢安静
　　C. 说话人很担心他们　　　　　　D. 这种情况是才出现的

8. 你说,像小李那种人,谁能和他相处得好?

   问:说话人对小李是什么态度?(B)

   A. 喜欢   B. 讨厌   C. 怀疑   D. 羡慕

9. 我已经看了好几家,就你们这里的价格最便宜,有了它,我的写作速度不但可以大大提高,还可以了解各种新闻,看电影,听音乐,真好!

   问:说话人可能在买什么?(C)

   A. 词典   B. 电视机   C. 电脑   D. 录音机

10. 根据最新一项调查结果,美国有30%的受访者将放弃收费电视预订服务,他们将选择代替电视的互联网服务。另外42%的受访者则说,他们从目前的电视服务中无法知道更多的国际新闻和其他信息,尽管现在的电视有数百个频道。

    问:下面哪句话是不正确的?(D)

    A. 这是在美国进行的调查

    B. 有不少人将不看收费电视了

    C. 人们想要更多地了解别的国家的事情

    D. 现在可以看的电视节目太少了

二、听下面的对话并选择正确答案

1. 女:你在干什么呢,饭也不吃。

   男:老师让我们找一些描绘春天的成语,我先在网上看看。

   问:男的正在做什么?(C)

   A. 吃饭   B. 上课   C. 上网   D. 看电视

2. 女:这儿不行,每平方米的价格大大超出了我们原来的计划。

   男:可这里多方便啊,坐地铁到你们单位只有五站路,旁边又有公园可以锻炼身体,将来有了孩子,附近还有幼儿园,贵有贵的道理嘛。

   问:他们在谈论什么?(A)

   A. 买房子   B. 坐地铁   C. 锻炼身体   D. 生孩子

3. 女:现在人们越来越离不开网络了,我就想了解一下互联网的历史,查了才知道原来它诞生于1969年。

   男:是吗!这么说来人类使用互联网已经有四十年了,我还以为互联网是近一二十年才出现的呢。

   问:这段对话发生在什么时间?(D)

A. 1969 年　　　B. 1989 年　　　C. 1999 年　　　D. 2009 年

4. 女：这些钱你拿着，救孩子的命要紧。

   男：我们素不相识，你这样帮我，我真不知道说什么才好。

   问：从对话我们可以知道什么？（B）

   A. 这两个人的孩子生病了　　　　　B. 女的给了男的一些钱
   C. 男的原来认识女的　　　　　　　D. 男的不知道怎么回答

5. 女：请您谈谈市政府是采取了哪些措施解决上下班乘车难的问题。

   男：从上个月起，市政府在市区的主要道路上划出了公交车专用车道，加快了公交车的速度，从而大大改善了上下班乘车难的状况。

   问：这段对话告诉我们什么？（C）

   A. 市政府打算想办法解决坐车难的问题　B. 这个措施从下个月开始实行
   C. 别的车不能进入公交车的车道　　　　D. 现在上下班时坐公交车还是很难

6. 女：老板，当初不是跟你说好把那套沙发留给我的吗？

   男：对不起，小姐，人家是外地人，来一趟不容易，说新房就差沙发了，你说，我能不卖给他们吗？

   问：下面哪句话不对？（D）

   A. 男的以前同意把沙发留给女的　　B. 男的把沙发卖给别人了
   C. 买走沙发的人不是本地人　　　　D. 那个人家里的沙发太差了

7. 女：这次普通话考试你能通过吗？

   男：恐怕危险。我说话时声调老是出问题，如果这次不行，那就再考一次。

   问：关于男的，我们可以知道什么？（C）

   A. 他很害怕普通话考试　　　　　　B. 他说话的声音不好听
   C. 他的普通话说得不标准　　　　　D. 他觉得这次考试大概能通过

8. 女：哎，我不喜欢吃肥肉，这个给你。

   男：吃饭时你总是把你不喜欢吃的东西都放我碗里，你把我当做什么了？

   问：男的是什么语气？（B）

   A. 怀疑　　　B. 不满　　　C. 难过　　　D. 担心

9. 女：这家电器公司真不得了，现在几乎全国每个城市都有他们的商店。

   男：这家公司也是从十几年前的一个很小的商店逐步发展起来的。

   问：关于这家公司，我们可以知道什么？（D）

   A. 这是一个电话公司　　　　　　　B. 现在全国都有他们的商店

C. 这家公司刚成立没有几年　　　　D. 这家公司最初是一个小商店

10. 女：你看这孩子，吃饭时总动个不停，一口饭含在嘴里半天，不吃就算了。

　　男：你呀，就是对自己的孩子缺乏耐心，在幼儿园大家不都夸你吗？孩子才两岁，他懂什么呢？

　　问：男的是什么意思？（A）

　　A. 对孩子不能着急　　　　　　　B. 你不是一个好的幼儿园老师
　　C. 两岁的孩子应该懂事了　　　　D. 我想知道孩子在想什么

三、听短文做练习

1. 根据录音内容，选择正确答案

我爱上了汉语

读高中的时候，我向往美国。那时候，我喜欢的音乐、歌手、电影、演员等，除了日本的以外，差不多都是美国的。我认为，英语是世界上使用最广泛的语言，所以当时我的英语成绩很好，对英语很有兴趣。

高中毕业后，我考上了东海大学国际关系系。系里除了专业课外，开设了两门外语课，一门必须选英语，另外一门可以自己选择。我想选德语，因为德国在欧洲。我认为欧洲和美国是世界上最好的地方。

可是父母对我说："你一定要选汉语课。中国是个很大的国家，以后一定会发展得很好。你如果能说汉语，未来会很有前途。"他们还说："你要是不选汉语的话，我们就不付你的学费。"

这样，我不得不选了汉语。但因为自己不愿意学汉语，所以大学一年级上汉语课时，我虽然人在课堂上，可老师讲的东西根本没有听进去。

虽然我每天在家还是做出一副快乐的样子，可心里的烦恼却越来越多。没想到，妈妈也因为我增加了不少烦恼。她知道我学汉语是被逼的，也知道我因为选择了汉语觉得在大学里没意思。为了引起我对汉语的兴趣，妈妈不但四处去请汉语老师帮我补课，而且还到学校找我的老师商量这件事。

看着妈妈那么辛苦的样子，我开始后悔没有好好学习汉语。我想：对于一门还没有学过的语言，为什么我就觉得它肯定没意思呢？认真学习以后再作判断才是正确的。我真不是个好女儿。从这以后，我开始努力学习汉语了。我发现汉语虽然很难，但越学越有意思，真是一种有魅力的语言。而且通过学习汉语，我渐渐地对研究中国文化产生了兴趣。最后,我决定到中国来留学。在中国,我通过学汉语交到了很多中国朋友,了解了灿烂辉煌的中华文化。学习汉语彻底改变了我的人生。

现在回想起来,如果父母当初不要求我学汉语,也就没有现在的我。我不知道怎么感谢父母才好。

(1)"我"为什么对英语很有兴趣?(B)
    A. 因为我只喜欢美国音乐　　B. 因为英语的使用范围很广
    C. 因为必须选择英语课　　　D. 因为我想去美国留学

(2)下面哪个不是"我"选择汉语课的原因?(A)
    A. 学校规定两门外语课,一门必须选汉语
    B. 父母告诉我必须选汉语课
    C. 如果不选汉语课,我就没有学费
    D. 我只能服从父母

(3)"我"是从什么时开始认真学习汉语的?(C)
    A. 大学一年级时　　　　　　B. 父母骂了我以后
    C. 看到妈妈辛苦的样子以后　D. 学校的老师找我谈话以后

(4)现在"我"对父母是怎样的心情?(C)
    A. 抱怨　　B. 不理解　　C. 感激　　D. 同情

2. 根据录音内容,判断正误

汉字

汉字的使用到今天已经有几千年的历史了,从造字的角度来看,汉字可以分为以下四类。

第一类汉字是根据事物的形状而造的汉字,如"日"、"月"、"山"、"火"等。这种造字法有一个缺点,就是只能造反映具体事物的字,没有办法造出反映抽象事物的汉字。

第二类汉字是用符号表示,或用图画和符号一起来表示。如:"上"、"下"、"本"等。

第三类汉字是由几个字组成一个字,这几个字共同体现这个汉字的意思。如"休"和"明","休"是一个"人"字和一个"木"字,人靠着树站着,意思是休息。而"明"是"日"和"月"两个汉字合在一起,"日"是太阳,"月"是月亮,太阳和月

亮在一起，当然就"明"了。

第四类汉字是一个汉字包括了两个部分：一部分表示这个汉字的读音，另一部分表示这个汉字的意思或和这个汉字的意思有关的事物。如"请问"的"请"、吃饭的"饭"、游泳的"泳"等。拿"请"来说，左边的"言"字就是"说"的意思，与表示读音的"青"结合，就构成了"请"。这类字是汉字的又一大进步，它使汉字在数量上大大增加了，也使文字更加丰富了。据统计，现在的汉字80%以上属于这类汉字。

(1) 汉字的使用到现在已经有三千年的历史了。　　　　（×）
(2) 汉字有四种造字的方法。　　　　　　　　　　　　（√）
(3) 第一种造字法可以反映具体事物和抽象事物。　　　（×）
(4) 第四种造字法把汉字分成了左右两个部分。　　　　（×）
(5) 有80%的汉字属于第四类汉字。　　　　　　　　　（×）

3. 根据录音内容，回答问题

孔子学院

对于很多外国人来说，一说到孔子，就会想到中国，孔子已成为了中国的一个重要的象征。随着中国经济持续迅速的发展，很多外国人渴望了解中国，很自然地出现了一股"汉语热"。为了让外国人更多地了解中国，传播中国语言和文化，2004年11月，首家孔子学院在韩国成立。到2007年底，在世界64个国家，已经成立了226所孔子学院。有4万6千名左右外国人在孔子学院学习汉语。

在目前已经开办的孔子学院中，汉语教学只是其工作的一部分。很多外国人把孔子学院当做认识中国的一个窗口。他们的需求是各种各样的。比如有人买了中国生产的烧菜锅，会拿着中文说明书到孔子学院来问上面写的是什么；有人会到孔子学院来咨询"去中国什么地方旅游好，该买哪些特产"；也有人要到中国办事，会临时来学几句简单的问候语，问问中国的风俗习惯，需要注意些什么。还有很多国家的人到孔子学院来学汉语，为的就是将来找一个好工作。

孔子学院已成为连接当地与中国的一条纽带，这一条条纽带又共同建成了一座沟通世界和中国的"汉语桥"。

(1) 为什么会出现"汉语热"？

（2）第一所孔子学院是什么时候成立的？它的发展情况怎么样？

（3）很多外国人为什么来孔子学院？

（4）你觉得学习汉语的人数将来会有怎样的变化？

答案提示：

(1) 因为中国经济持续迅速的发展，很多外国人渴望了解中国。

(2) 2004年11月。到2007年底，已经在全世界64个国家成立了226所孔子学院。

(3) 不仅是学汉语，还把孔子学院当做认识中国的一个窗口。

词语总表
Vocabulary

A
按摩 ………… 63
熬 …………… 65
熬夜 ………… 65

B
芭蕾 ………… 63
白菜 ………… 56
败 …………… 59
班长 ………… 67
板 …………… 67
榜样 ………… 67
保险 ………… 62
报 …………… 69
报到 ………… 66
背景 ………… 66
被动 ………… 67
奔忙 ………… 57
本科 ………… 65
本领 ………… 59
彼 …………… 58
笔试 ………… 66
必要 ………… 67
变色龙 ……… 59
表明 ………… 58

病房 ………… 63
补习 ………… 66
不幸 ………… 66
部门 ………… 57

C
采取 ………… 59
灿烂 ………… 68
茶叶 ………… 60
差异 ………… 59
产量 ………… 68
长度 ………… 61
厂长 ………… 68
厂家 ………… 64
场地 ………… 68
巢 …………… 67
车祸 ………… 64
成长 ………… 65
成就 ………… 70
成立 ………… 61
诚实 ………… 66
乘 …………… 68
抽象 ………… 70
臭 …………… 61
出色 ………… 66
出院 ………… 65

传播 ………… 64
窗口 ………… 70
闯 …………… 61
次要 ………… 65
从事 ………… 57
存在 ………… 57
措施 ………… 61

D
达到 ………… 56
打架 ………… 65
打听 ………… 60
大胆 ………… 70
代沟 ………… 65
带头 ………… 67
担忧 ………… 57
淡季 ………… 62
道路 ………… 60
的确 ………… 59
等于 ………… 68
地球 ………… 61
地下 ………… 66
地砖 ………… 63
定期 ………… 67
懂事 ………… 57
都市 ………… 68

205

读物 64
断 57

E
恶劣 61
儿童 59
耳环 65

F
发电 64
发挥 66
法 68
烦 57
烦恼 70
反应 56
反映 70
方案 60
废品 64
芬芳 69
风筝 64
服装 66
符号 59
符合 69
付出 69
腹部 65

G
改进 63
改行 60
概括 66

干扰 65
感 70
感想 68
岗位 69
钢 65
高考 66
高中 70
歌曲 58
歌手 69
各自 57
工程师 62
公益 69
沟 68
沟通 65
构成 70
购买 58
骨头 66
关 66
光荣 69
广大 69
广泛 69
过时 60

H
海拔 61
海外 69
航线 60
合理 69
核 64
胡子 64

(老)虎 61
花匠 64
哗啦 62
华人 69
画家 57
缓解 63
黄昏 67
辉煌 70
回收 64
活跃 56
火 57
货 67

J
积累 58
吉利 65
即 68
集体 70
纪录 68
技能 69
佳 68
家长 65
家属 70
坚定 66
艰难 67
减少 61
简历 66
建设 56
健美操 58
健身 67

奖金 …………… 69	磕头 …………… 65	盲 ……………… 63
奖励 …………… 65	课外 …………… 64	玫瑰 …………… 69
降落 …………… 69	口红 …………… 65	秘书 …………… 59
交谈 …………… 70	口试 …………… 66	密 ……………… 60
叫做 …………… 70	宽敞 …………… 67	密切 …………… 66
教练 …………… 68		蜜蜂 …………… 56
阶段 …………… 67	**L**	面食 …………… 56
接近 …………… 56	来不及 ………… 57	灭 ……………… 60
街头 …………… 69	来得及 ………… 67	灭绝 …………… 61
结论 …………… 56	狼 ……………… 61	摸 ……………… 60
金牌 …………… 68	劳动 …………… 58	某些 …………… 59
进入 …………… 67	老婆 …………… 63	墓地 …………… 58
惊人 …………… 68	老是 …………… 70	
惊喜 …………… 66	老鼠 …………… 64	**N**
精致 …………… 56	类 ……………… 66	男子汉 ………… 61
警惕 …………… 57	梨(子) ………… 63	难以 …………… 67
就业 …………… 57	例如 …………… 69	脑袋 …………… 59
居民 …………… 67	良好 …………… 66	逆时针 ………… 63
局长 …………… 69	灵感 …………… 64	纽带 …………… 70
举办 …………… 66	领取 …………… 68	女子 …………… 68
具备 …………… 69	领域 …………… 69	
聚 ……………… 57	录取 …………… 66	**P**
决赛 …………… 59	露 ……………… 57	拍照 …………… 60
军事 …………… 64	轮椅 …………… 63	跑步机 ………… 64
	轮子 …………… 67	培训 …………… 65
K		培养 …………… 59
开办 …………… 70	**M**	赔 ……………… 62
开创 …………… 63	埋 ……………… 58	批 ……………… 58
开设 …………… 70	买卖 …………… 67	批准 …………… 69
开演 …………… 56	忙碌 …………… 69	片面 …………… 69

207

频道 70	人士 68	私 68
平衡 63	认得 67	私家车 68
评 67	融入 59	死亡 59
泼 69		俗话 57
婆婆 58	**S**	俗语 68
	散 64	随 69
Q	刹车 61	碎 60
欺负 65	山区 69	孙女 68
企鹅 61	闪电 64	
起码 62	善良 62	**T**
气味 68	伤害 61	糖尿病 58
气象员 56	设备 68	桃子 62
迁 58	设施 63	陶瓷 60
巧克力 67	涉及 68	特长 66
亲密 67	申请 68	提供 69
亲人 62	升高 61	天鹅 63
青年 69	生理 67	天堂 62
区 61	生态 61	调整 67
权利 60	时代 66	铁饭碗 66
泉 62	实行 62	通道 66
缺 63	实验 60	同情 62
缺乏 69	事件 65	痛苦 56
缺陷 64	事物 65	投资 63
	事先 66	突击 66
R	首先 60	图画 59
热度 58	树林 57	土豆 56
人才 57	双方 58	兔子 64
人次 61	说法 70	拖 64
人民 56	硕士 68	脱离 70

W

完美 …………… 64
玩具 …………… 63
网络 …………… 70
旺季 …………… 62
围绕 …………… 69
维护 …………… 69
伪装 …………… 59
位于 …………… 62
闻名 …………… 62
吻 ……………… 70
乌龟 …………… 64
无法 …………… 57

X

西方 …………… 59
系统 …………… 63
先进 …………… 68
现场 …………… 69
现金 …………… 62
现实 …………… 66
线路 …………… 62
香味 …………… 69
向往 …………… 70
巷 ……………… 69
销售 …………… 68
协会 …………… 69
心脏 …………… 58
心脏病 ………… 58

信息 …………… 70
行动 …………… 59
兴高采烈 ……… 67
性别 …………… 56
袖子 …………… 60
需求 …………… 70
选 ……………… 68
学历 …………… 66
学位 …………… 68

Y

研究生 ………… 66
眼看 …………… 57
眼皮 …………… 57
演 ……………… 68
演唱 …………… 68
氧(气) ………… 68
药店 …………… 59
依靠 …………… 60
音像 …………… 58
饮食 …………… 58
隐私 …………… 59
应聘 …………… 59
婴儿 …………… 61
影子 …………… 58
硬 ……………… 57
硬卧 …………… 62
哟 ……………… 66
优秀 …………… 63
游记 …………… 61

有效 …………… 63
娱乐 …………… 61
瑜伽 …………… 58
预测 …………… 56
预防 …………… 59
遇见 …………… 70
晕 ……………… 61

Z

增长 …………… 56
增添 …………… 70
战争 …………… 60
障碍 …………… 68
招 ……………… 66
招聘 …………… 59
召开 …………… 68
照相馆 ………… 58
针对 …………… 67
诊所 …………… 63
真诚 …………… 66
整洁 …………… 66
正义 …………… 65
证书 …………… 65
职工 …………… 68
职业 …………… 67
植物 …………… 61
秩序 …………… 69
智力 …………… 63
钟 ……………… 63
肿 ……………… 62

209

种植 ………… 56	准确 ………… 56	字母 ………… 68
重点 ………… 66	着想 ………… 65	总结 ………… 69
重心 ………… 63	咨询 ………… 62	综合 ………… 69
周到 ………… 63	滋味儿 ……… 62	族 …………… 68
住宿 ………… 62	自费 ………… 63	组 …………… 68
专长 ………… 63	自我 ………… 67	左邻右舍 …… 67
专用 ………… 70	自信 ………… 65	
状态 ………… 66	自尊 ………… 65	

专名 Proper Nouns

A
爱迪生 …………… 64
安徽 ……………… 63

B
北京奥组委 ……… 69

C
楚国 ……………… 59

D
德国 ……………… 70
德语 ……………… 66
邓亚萍 …………… 68
东海大学 ………… 70
敦煌 ……………… 62

E
俄罗斯 …………… 63
俄语 ……………… 66

F
富兰克林 ………… 64

G
戛纳国际电影节 …… 66
贵阳 ……………… 62
国际抗癌联盟 …… 59

H
韩国 ……………… 70
河南省 …………… 68
黑龙江 …………… 56

虎跑泉 ………… 62
黄河 ………… 59
霍金 ………… 63

K
孔庙 ………… 62
孔子学院 ………… 70

L
崂山 ………… 62
漓江 ………… 62
联合国 ………… 56

M
马可·波罗 ………… 64
马拉松 ………… 68
孟姜女 ………… 62
孟子 ………… 58
墨子 ………… 64

N
南极 ………… 61

Q
青岛 ………… 68
清华大学 ………… 68

R
日语 ………… 66

S
世界卫生组织 ………… 68

T
陶行知 ………… 65
天津市 ………… 67

X
西藏 ………… 56
西单 ………… 68

Y
叶丽 ………… 69
意大利 ………… 69
印度 ………… 56

Z
张译 ………… 68
浙江省 ………… 62
郑州市 ………… 68
中国银行 ………… 68
中秋节 ………… 63